本書係「敦煌文獻系統性保護整理出版工程」項目成果

二〇二一—二〇三五年國家古籍工作規劃重點出版項目

「十四五」國家重點出版物出版規劃項目

國家古籍整理出版專項經費資助項目

敦煌文獻全集

中國國家圖書館藏敦煌文獻

中國國家圖書館　編

第五五册

BD00823～BD00840

國家圖書館出版社

DUNHUANG MANUSCRIPTS IN THE NATIONAL LIBRARY OF CHINA

055

BD00823 ~ BD00840

compiled by the

National Library of China

National Library of China Publishing House

凡例

一 本書刊布中國國家圖書館藏敦煌文獻，以館藏編號爲序編排。

二 館藏編號采用「BD+流水號」格式，如 BD00001, BD16579 等。背面在編號後加 v 表示。一個編號包含多件文獻者，編號後分别綴以字母 A, B, C 等。一件文獻含有多個内容者，以數字 -1, -2, -3 等標明順序。

三 圖版有縮印或放大處另加説明，尺寸超出本書幅面的以摺葉形式呈現。

四 卷軸裝、梵夾裝、經摺裝等裝幀形制的敦煌文獻，各附外觀圖像。

五 每件文獻依次呈現外觀、正面、背面等。背面僅刊布有文字、圖像或其他要素的圖版，而略去素紙部分，背面圖版同樣以從右到左順序編排。凡有外題者，遵從以上原則。

六 除個别特殊情況外，爲保證閱讀連貫、流暢，圖版儘量通欄呈現。

七 各葉上方附該件文獻全圖，以高亮形式顯示本葉大圖在全卷中的位置。部分長卷文獻全圖衹能分多段呈現時，在上段末以❮符標示下段接續。卷尾内容不足一葉時，文獻全圖使用該圖卷尾部分，亦以❮符標示。背面圖版文字與正面文字方向相反時，文獻全圖按原貌顯示，正文翻轉呈現，以便閱讀研究，用↻符標示。

八 文獻題名大體沿用中國國家圖書館此前所編多部敦煌文獻目録的考證，部分吸收學界最新研究成果略作調整和完善。文獻題名綜合參考原卷首題、尾題、外題確定，如原卷題名與該文獻正式名稱不同，則采用正式名稱；無題名者，或比定題名，或擬定新名。非漢文文獻在題名前標注語種。有分卷不同等其他情況者，括注於文獻名稱後。

九 本書著録使用通行繁體字，涉及原文中的人名、地名等，必要時保留原字形。

About this publication

1. The documents are presented in shelfmark order.
2. The shelfmarks are in the form BD plus a running number, eg. BD00001, BD16579, &c. If a given shelfmark contains multiple documents, these are distinguished by the letters A, B, C, &c. If a document has multiple contents, they are distinguished by the numbering 1, 2, 3, &c. The verso side of an item is indicated by the letter v.
3. If it has been necessary to reduce or enlarge the size of an illustration, the dimensions are indicated. If the size of an illustration exceeds the size of the book, a folding sheet is used.
4. If the document is a scroll, a folded sutra, or has a stitched binding, a picture of the whole object is provided to show its external appearance.
5. The cover, front, and back of each document are reproduced in sequence. The back of a document is only reproduced if it contains text, illustrations, or other markings, and it is oriented from right to left. If it is blank it is not reproduced.
6. Except in a few special cases, the lines of text are reproduced unbroken to make them coherent and easier to read.
7. An illustration of the complete document is reproduced at the top of each page, and the section where the main illustration appears is highlighted in order to indicate its position. If it has only been possible to reproduce a long scroll in sections, the direction symbol has been used to indicate where one illustration ends and the next one begins. If the end of the scroll occupies less than one page, the direction symbol is used to indicate its position in the illustration of the complete document. If the text on the back of the document has a different orientation from the text on the front, it is reproduced as it is, but is also rotated (indicated with the rotation symbol) so that it can be read easily.
8. The titles of the documents generally conform with those already established by the Library, but in some cases have been amended by drawing on the most recent scholarly research. The titles are derived firstly from the beginning of the text, then from the end of the text, and lastly from the cover. If the title of a document differs from its authoritative form, the authoritative form is used; and if a document has no title, one is either supplied by comparison with similar documents, or a new one is devised. If the document is not in Chinese, its language is indicated before the title. If the number of juan is different from that of the authoritative version, or if there are other irregularities, this is noted.
9. The documents in the book are in traditional Chinese characters. Where the title contains personal or place names, the original characters used for these names are retained.

(Translated by David Helliwell)

第五五册目録

BD00823 金光明最勝王經卷五

（唐）義净 譯

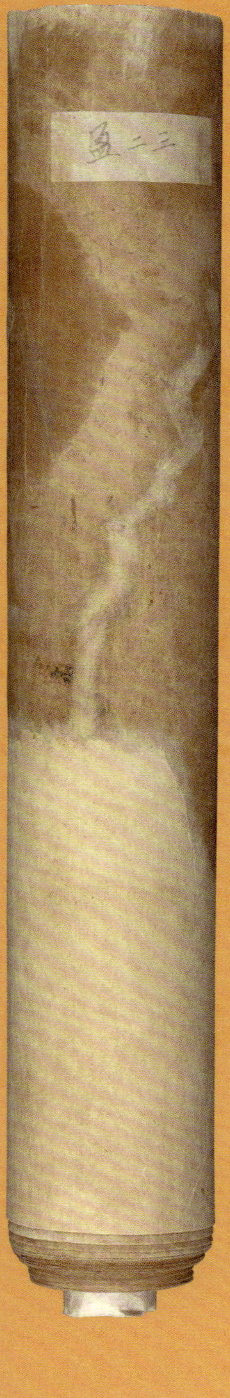

657.6cm×25.7cm

一切聲中最爲上 如
髮彩喻若黑蜂王 密
齒白齊密如珂雪 乎
目淨无垢妙端嚴 猶如廣
舌相廣長極柔耎 猶如紅蓮
眉間常有白毫光 右旋宛轉頗梨色
眉細纖長類初月 其色光耀比蜂王
鼻高脩直如金鋌 淨妙光潤相无虧
一切世間殊妙香 聞時悉知其所在
世間最勝身金色 一一毛端相不殊
紺青柔耎右旋文 微妙光彩難爲喻
初誕身有妙光明 普照一切十方界
能滅三有衆生苦 令彼悉蒙安隱樂
地獄傍生閻魔中 阿蘇羅天及人趣

[illegible]

身色光明常普照　譬如鎔金妙无比
面貌圓明如滿月　脣色赤好喻頻婆
行步威儀類師子　身光朗耀同初日
臂肘纖長立過膝　狀等垂下娑羅枝
圓光一尋照无邊　赫奕猶如百千日
悉能遍至諸佛剎　隨緣所在覺群迷
淨光明網无倫比　流輝遍滿百千界
普照十方无障礙　一切冥闇悉皆除
善逝慈光能與樂　妙色暉曜等金山
流光悉至百千土　衆生遇者皆出離
佛身成就无量福　一切功德共莊嚴
超過三界獨稱尊　世間殊勝无與等
所有過去一切佛　數同大地諸微塵
未來現在十方尊　亦如大地微塵衆

所有過去一切佛　數同大地諸微塵
未來現在十方尊　亦如大地微塵衆
我以至誠身語意　稽首歸依三世佛
讚歎无邊功德海　種種香花皆供養
設我口中有千舌　經无量劫讚如來
世尊功德不思議　最勝甚深難可說
假令我舌有百千　讚歎一佛一切德
於中少分尚難知　況諸佛德无邊際
假使大地及諸天　乃至有頂為海水
可以毛端滴知數　佛一切德甚難量
我以至誠身語意　礼讚諸佛德无邊
所有勝福果難思　迴施衆生速成佛
彼王讚歎如來已　倍復深心發弘願
願我當於未來世　生在无量无數劫
夢中常見大金鼓　得聞顯說懺悔音

諸佛功德嘆遵　願說无上成正覺
諸佛出世時一現　於百千劫甚難逢
夜夢常聞妙鼓音　晝則隨應而懺悔
我當圓滿修六度　拔濟衆生出苦海
然後得成无上覺　佛土清淨不思議
以妙金鼓奉如來　并讚諸佛實功德
因斯當見釋迦佛　記我當紹人中尊
金龍金光是我子　過去曾為善知識
世世願生於我家　共受无上菩提記
若有衆生无救護　長夜輪迴受衆苦
我於來世作歸依　令彼常得安隱樂
三有衆苦願除滅　悉得隨心安樂處
於未來世修菩提　皆如過去成佛者
願此金光懺悔福　永竭苦海罪消除
業障煩惱悉皆云　令我速招清淨果

業障煩惱悉皆亡　令我速於清淨果
福智大海量无邊　清淨離垢深无底
願我獲斯功德海　速成无上大菩提
以此金光懺悔力　當獲福德淨光明
既得清淨妙光明　常以智光照一切
願我身光等諸佛　福德智慧亦復然
一切世界獨稱尊　威力自在无倫匹
有漏苦海願超越　无為樂海願常遊
現在福海願恒盈　當來智海願圓滿
願我剎土超三界　殊勝功德量无邊
諸有緣者悉同生　皆得速成清淨智
妙幢汝當知　國王金龍主　曾發如是願　彼即是汝身
往時有二子　金龍及金光　即銀相銀光　當受我所記
大衆聞是說　皆發菩提心　願現在未來　常依此懺悔
金光明最勝　經金勝陀羅尼品第八

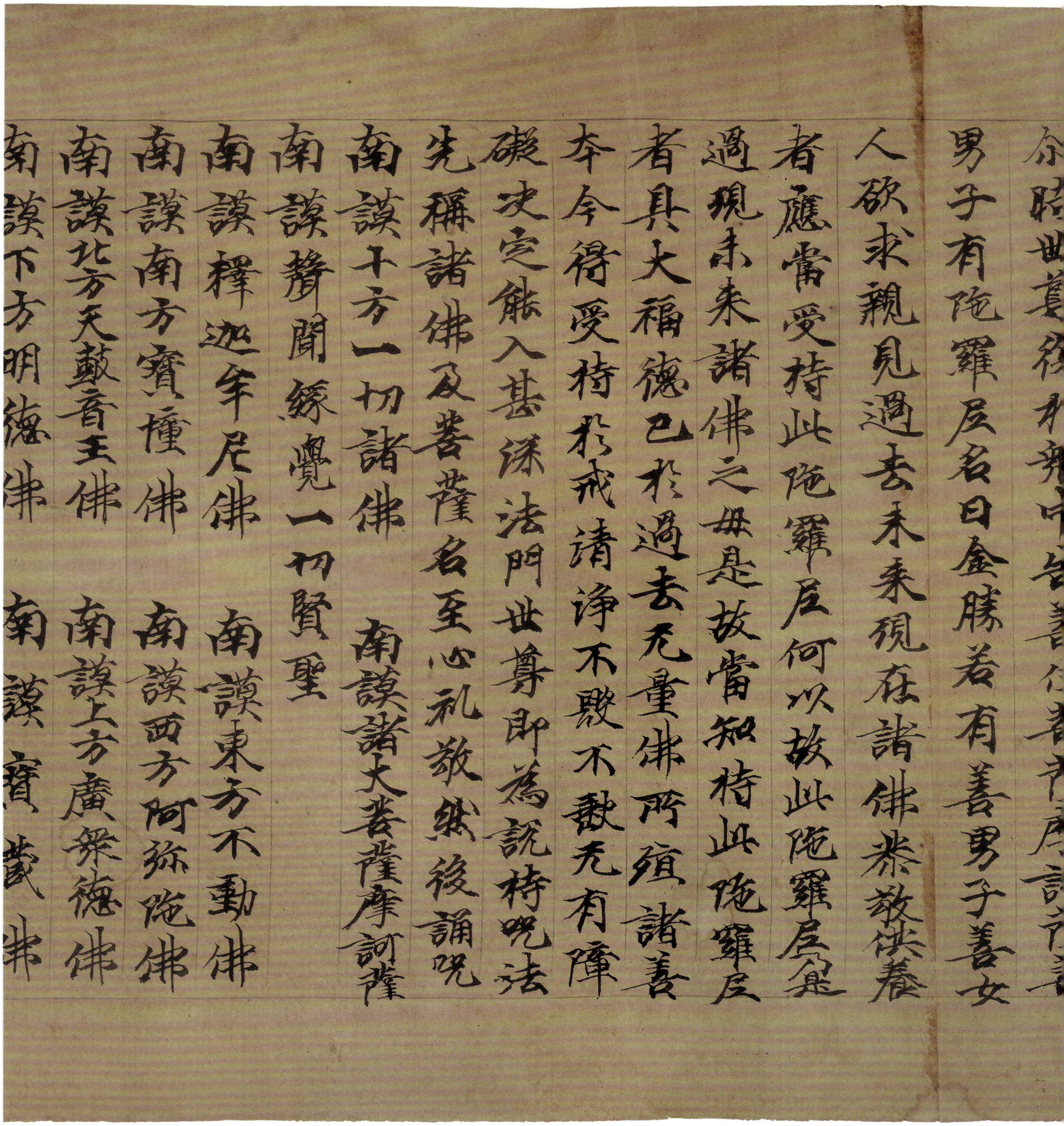

尒時世尊復於衆中告善住菩薩摩訶薩言善
男子有陁羅尼名曰金勝若有善男子善女
人欲求親見過去未來現在諸佛恭敬供養
者應當受持此陁羅尼何以故此陁羅尼是
過現未來諸佛之母是故當知持此陁羅尼
者具大福德已於過去无量佛所殖諸善
本今得受持於戒清淨不毀不缺无有障
礙決定能入甚深法門世尊即為說持呪法
先稱諸佛及菩薩名至心礼敬然後誦呪
南謨十方一切諸佛　南謨諸大菩薩摩訶薩
南謨聲聞緣覺一切賢聖
南謨釋迦牟尼佛　南謨東方不動佛
南謨南方寶幢佛　南謨西方阿弥陁佛
南謨北方天鼓音王佛　南謨上方廣衆德佛
南謨下方明德佛　南謨寶藏佛

BD00823　金光明最勝王經卷五

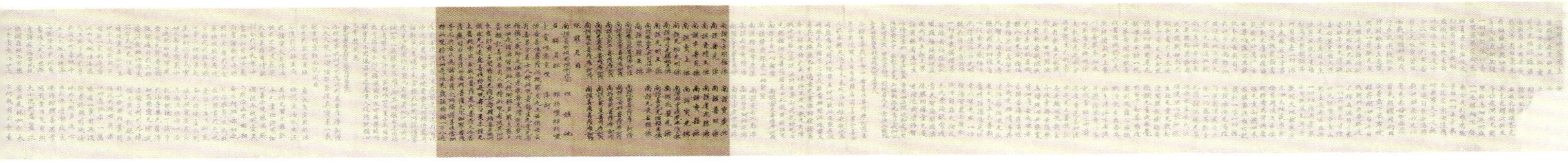

南謨下方明德佛　南謨寶藏佛
南謨普光佛　南謨普明佛
南謨香積王佛　南謨蓮花勝佛
南謨平等見佛　南謨寶髻佛
南謨寶上佛　南謨寶光佛
南謨无垢光明佛　南謨辯才莊嚴思惟佛
南謨淨月光稱相王佛　南謨花嚴光佛
南謨光明王佛　南謨善光无垢稱王佛
南謨觀察无畏自在佛　南謨无畏名稱佛
南謨最勝王佛
南謨觀自在菩薩摩訶薩　南謨地藏菩薩摩訶薩
南謨虛空藏菩薩摩訶薩　南謨妙吉祥菩薩摩訶薩
南謨金剛手菩薩摩訶薩　南謨普賢菩薩摩訶薩
南謨无盡意菩薩摩訶薩　南謨大勢至菩薩摩訶薩
南謨慈氏菩薩摩訶薩　南謨善惠菩薩摩訶薩

陀羅尼曰

南謨曷喇怛娜怛喇夜也　怛姪他

君睬　君睬　矩折㘑矩折㘑

壹窒哩　蜜窒哩　莎訶

佛告善住菩薩此陀羅尼是三世佛母若
有善男子善女人持此咒者能生无量无邊
福德之聚即是供養恭敬尊重讚歎无數諸
佛如是諸佛皆與此人授阿耨多羅三藐三
菩提記善住若有人能持此咒者隨其所欲
衣食財寶多聞聰慧无病長壽獲福甚多隨所
願求无不遂意善住持是咒者乃至未證无
上菩提常與金城山菩薩慈氏菩薩大海菩
薩觀自在菩薩妙吉祥菩薩大氷伽羅菩薩
等而共居止為諸菩薩之所攝護善住當知
持此咒持作如是法先應誦持滿一万八遍

持此呪時作如是法先應誦持滿一万八遍
為前方便次於闇室莊嚴道場黑月一日清
淨洗浴著鮮潔衣燒香散花種種供養并
諸飲食入道場中先當稱礼如前所說諸佛菩
薩至心慇重悔先罪已右膝著地可誦前呪
滿一千八遍端坐思惟念其所願日未出時
於道場中食淨黑食日唯一食至十五日方
出道場能令此人福德威力不可思議隨所
願求无不圓滿若不遂意重入道場既稱心
已常持莫忘

金光明冣勝王經重顯空性品第九

尒時世尊說此呪已為欲利益菩薩摩訶薩
人天大衆令得悟解甚深真實第一義
故重明空性而說頌曰
我已於餘甚深經　廣說真空微妙法

今□於此經王中　略說空法不思議
於諸廣大甚深法　有情无智不能解
故我於斯重敷演　令於空法得開悟
大悲愍有情故　以善方便勝因緣
我今於此大衆中　演說令彼明空義
當知此身如空聚　六賊依止不相知
六塵諸賊別依根　各不相知亦如是
眼根常觀於色處　耳根聽聲不斷絕
鼻根恒嗅於香境　舌根鎮嘗於美味
身根受於輕耎觸　意根了法不知厭
此等六根隨事起　各於自境生分別
識如幻化非真實　依止根處妄貪求
如人奔走空聚中　六識依根亦如是
心遍馳求隨事轉　託根緣境了諸事
常愛色聲香味觸　於法尋思无暫停

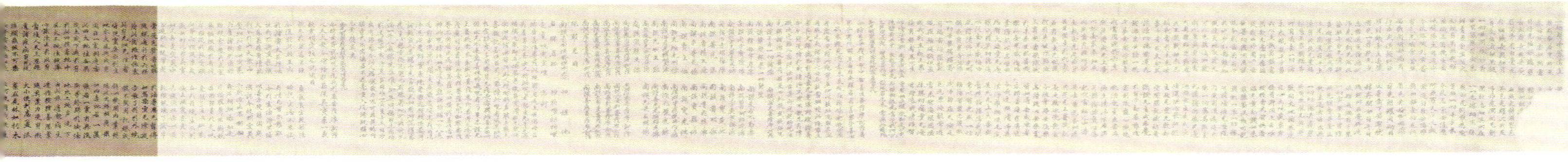

常愛色聲香味觸　於法尋思无暫停
隨緣遍行於六根　如鳥飛空无障礙
藉此諸根作依處　方能了別於外境
此身无知无作者　體不堅固託緣成
皆從虛妄分別生　譬如機關由業轉
地水火風共成身　隨彼因緣招異果
同在一處相違害　如四毒蛇居一篋
此四大蛇性各異　雖居一處有昇沉
或上或下遍於身　斯等終歸於滅法
於此四種毒蛇中　地水二蛇多沉下
風火二蛇性輕舉　由此乖違眾病生
心識依止於此身　造作種種善惡業
當往人天三惡趣　隨其業力受身形
遭諸疾病身死後　大小便利悉盈流
膿爛蟲蛆不可樂　棄在屍林如朽木

一切諸法盡无常　悉從无明緣力起
彼諸大種咸虛妄　本非實有體无生
故說大種性皆空　知此浮虛非實有
无明自性本是无　藉衆緣力和合有
於一切時失正慧　故我說彼為无明
行識為緣有名色　六處及觸受隨生
愛取有緣生老死　憂悲苦惱恒隨逐
衆苦惡業常纏迫　生死輪迴无息時
本來非有體是空　由不如理生分別
我斷一切諸煩惱　常以正智現前行
了五蘊宅悉皆空　求證菩提真實處
我開甘露大城門　示現甘露微妙器
既得甘露真實味　常以甘露施群生
我擊最勝大法鼓　我吹最勝大法螺

BD00823　金光明最勝王經卷五

我擊最勝大法鼓　我吹最勝大法螺
我然最勝大明燈　我降最勝大法雨
降伏煩惱諸怨結　建立无上大法幢
於生死海濟群迷　我當關閉三惡趣
煩惱熾火燒衆生　无有救護无依止
清涼甘露充足彼　身心熱惱並皆除
由是我於无量劫　恭敬供養諸如來
堅持禁戒趣菩提　求證法身安樂處
施他眼耳及手足　妻子僮僕心无悋
財寶七珍莊嚴具　隨來求者咸供給
忍等諸度皆遍修　十地圓滿成正覺
故我得稱一切智　无有衆生度量者
假使三千大千界　盡此土地生長物
所有藂林諸樹木　稻麻竹葦及枝條
此等皆悉斬伐取　並悉細末作微塵

一切十方諸刹土　所有三千大千界
地土皆悉末為塵　此微塵量不可數
假使一切衆生智　以此智慧與一人
如是智者量无邊　容可知彼微塵數
牟尼世尊一念智　念彼智人共度量
於多俱胝劫數中　不能算知其少分
時諸大衆聞佛說此甚深空性有无量衆
生悉能了達四大五蘊體性俱空六根六
境妄生繫縛願捨輪迴正修出離深心慶
喜如說奉持

金光明最勝王經依空滿願品第十

尒時如意寶光耀天女於大衆中聞說深法
歡喜踊躍從座而起偏袒右肩右膝著地
合掌恭敬白佛言世尊唯願為說於甚深理

合掌恭敬白佛言世尊唯願爲說於甚深理
脩行之法而說頌言
我聞照世界 兩足最勝尊 菩薩正行法 唯願慈聽許
佛言善女天 若有疑惑者 隨汝意所問 吾當分別說
是時天女請世尊曰
云何諸菩薩 行菩提正行 離生死涅槃 饒益自他故
佛告善女天依於法界行菩提法脩平等行
云何依於法界行菩提法脩平等行謂於五
蘊能現法界法界即是五蘊五蘊不可說非
五蘊亦不可說何以故若法界是五蘊即是
斷見若離五蘊即是常見離於二相不著二
邊不可見過所見无名无相是則名爲說於法
界善女天云何五蘊能現法界如是五蘊
不從因緣生何以故若從因緣生者爲已生
故生爲未生故生若已生者何用因緣若

非有无名无相非校量譬喻之所能及非是
因緣之所生故善女天譬如鼓聲依木依皮
及桴手等故得出聲如是鼓聲過去亦空未
來亦空現在亦空何以故是鼓音聲不從木
生不從皮生及桴手生不於三世生是則不
生若不可生則不可滅若不可滅无所從來
若无所從來亦无所去若无所去則非常非
斷若非常非斷則不一不異何以故此若是
一則不異法界若如是者凡夫之人應見真
諦得於无上安樂涅槃既不如是故知不一
若言異者一切諸佛菩薩行相即是執著
未得解脫煩惱繫縛即不證阿耨多羅三藐三
菩提何以故一切聖人於行非行同真實性
是故不異故知五蘊非有非无不從因緣生

是故不異故知五蘊非有非无不從因緣生
非无因緣生是聖所知非餘境故亦非言說
之所能及无名无相无因无緣亦无譬喻始
終寂靜本来自空是故五蘊能現法界善女
天若善男子善女人欲求阿耨多羅三藐三
菩提異真異俗難可思量於凡聖境體非
一異不捨於俗不離於真依於法界行菩提行
尒時世尊作是語已時善女天踊躍歡喜即
從座起偏袒右肩右膝著地合掌恭敬一心
頂礼而白佛言世尊如上所說菩提正行我今
當學是時索訶世界主大梵天王於大衆
中問如意寶光耀善女天曰此菩提行難
可修行汝今云何於菩提行而得自在尒時善
女天荅梵王曰大梵王如佛所說實是甚深
一切異生不解其義是聖境界微妙難知

一切五濁惡世无量无數无邊衆生皆得金
色卅二相非男非女坐寶蓮花受无量樂雨
天妙花諸天音樂不鼓自鳴一切供養皆悉
具足時善女天說是語已一切五濁惡世所
有衆生皆悉金色具大人相非男非女坐寶
蓮花受无量樂猶如他化自在天宮无諸惡
道寶樹行列七寶蓮花遍滿世界又雨七寶
上妙天花作天伎樂如意寶光耀善女天即
轉女身作梵天身時大梵王問如意寶光耀
菩薩言仁者如何行菩提行答言梵王若水
中月行菩提行我亦行菩提行若夢中行菩
提行我亦行菩提行若陽焰行菩提行我
亦行菩提行若谷響行菩提行我亦行菩提
行時大梵王聞此說已白菩薩言仁依何義而

BD00823　金光明最勝王經卷五

行時大梵王聞此說已白菩薩言仁依何義而
說此語荅言梵王无有一法是實相者但由
因緣而得成故梵王言若如是者諸凡夫人
皆悉應得阿耨多羅三藐三菩提荅言仁以
何意而作是說愚癡人異智慧人異菩提異
非菩提異解脫異非解脫異梵王如是諸法
平等无異於此法界真如不異无有中間而
可執着无增无減梵王譬如幻師及幻弟子
善解幻術於四衢道取諸沙土草木葉等聚
在一處作諸幻術使人覩見象衆馬衆車兵
等衆七寶之聚種種倉庫若有衆生愚癡
无智不能思惟不知幻本若見若聞作是思惟
我所見聞象馬等衆此是實有餘皆虛妄於
後更不審察思惟有智之人則不如是了於
幻本若見若聞如是念如我所見象馬等

[illegible]非是真實[illegible]
及諸倉庫有名无實如我見聞不執爲實後
時思惟知其虛妄是故智者了一切法皆无
實體但隨世俗如見如聞表宣其事思惟諦
理則不如是復由假說顯實義故梵王愚癡
異生未得出世聖慧之眼未知一切諸法真
如不可說故是諸凡愚若見若聞行非行法
如是思惟便生執着謂以爲實於第一義不
能了知諸法真如是不可說是諸聖人若見
若聞行非行法隨其力能不生執着以爲實
有了知一切无實行法无實非行法但妄思
量行非行相唯有名字无有實體是諸聖人
隨世俗說爲欲令他知真實義如是梵王是
諸聖人以聖智見了法真如不可說故行非
行法亦復如是令他證知故說種種世俗名言
[illegible]

行法亦復如是令他證知故說種種世俗名言
時大梵王問如意寶光耀菩薩言有幾衆生
能解如是甚深正法荅言梵王有衆幻人心
心數法能解如是甚深正法梵王曰此幻化
人體是非有此之心數從何而生荅曰若知
法界不有不无如是衆生能解深義
尒時梵王白佛言世尊是如意寶光耀菩
薩不可思議通達如是甚深之義佛言如是
如是梵王如汝所言此如意寶光耀已教汝
等發心修學无生忍法是時大梵天王與諸
梵衆從座而起偏袒右肩合掌恭敬頂礼
如意寶光耀菩薩足作如是言希有我等
今日幸遇大士得聞正法
尒時世尊告梵王言是如意寶光耀於未
來世當得作佛號寶焰吉祥藏如來應正等

知明行足善逝世間解无上士調御丈夫天
人師佛世尊說是品時有三千億菩薩於阿
耨多羅三藐三菩提得不退轉八千億天子无
量无數國王臣民遠塵離垢得法眼淨
尒時會中有五十億苾芻行菩薩行欲退菩
提心聞如意寶光耀菩薩說是法時皆得堅
固不可思議滿足上願更復發起菩提之心
各自脫衣供養菩薩重發无上勝進之心作
如是願願令我等功德善根悉皆不退迴向
阿耨多羅三藐三菩提梵王是諸苾芻依此
功德如說修行過九十大劫當得解悟出離
生死尒時世尊即為授記汝諸苾芻過卅阿
僧祇劫當得作佛劫名難勝光王國名无
垢光同時皆得阿耨多羅三藐三菩提皆同一
号名願莊嚴間飾王十号具足梵王是金光
明微妙經典若正聞持有大威力假使有人

号名顯莊嚴聞飾王十号具足梵王是金光
明微妙經典若亟聞持有大威力假使有人
於百千大劫行六波羅蜜无有方便若有
善男子善女人書寫如是金光明經半月半月
專心讀誦是功德聚於前功德百分不及一
乃至筭數譬喻所不能及梵王是故我今令
汝修學憶念受持為他廣說何以故我於
往昔行菩薩道時猶如勇士入於戰陣不惜身
命流通如是微妙經王受持讀誦為他解說
梵王譬如轉輪聖王若王在世七寶不滅王若
命終所有七寶自然滅盡梵王是金光明
微妙經王若現在世无上法寶悉皆不滅
若无是經隨處隱沒是故應當於此經王專
心聽聞受持讀誦為他解說勸令書寫行精
進波羅[illegible]

[illegible]
介時大梵天王與无量梵衆帝釋四王及諸
藥叉俱從座起偏袒右肩右膝著地合掌恭
敬而白佛言世尊我等皆願守護流通是金
光明微妙經典及說法師若有諸難我當除
遣令具衆善色力充足辯才无礙身意泰然
時會聽者皆受安樂所在國土若有饑饉怨
賊非人為惱害者我等天衆皆為擁護使其
人民安隱豐樂无諸枉橫皆是我等天衆之
力若有供養是經典者我等亦當恭敬供養
如佛不異
介時佛告大梵天王及諸梵衆乃至四王諸
藥叉等善哉善哉汝等得聞甚深妙法復
能於此微妙經王發心擁護及持經者當獲
无邊殊勝之福速成无上正等菩提時梵王等
聞佛語已歡喜頂受

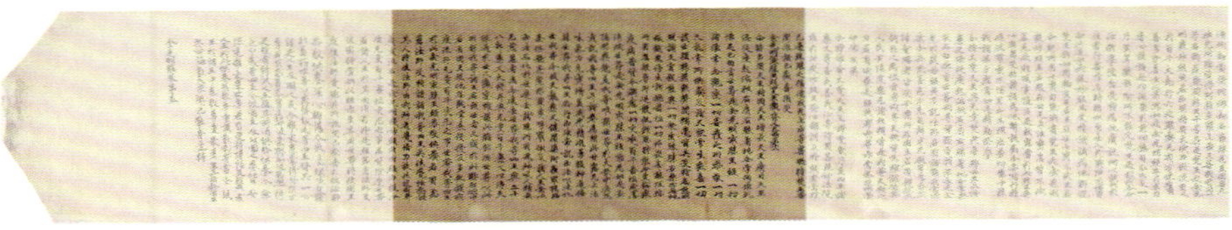

无邊殊勝之福速成无上正等菩提時梵王等
聞佛語已歡喜頂受
金光明最勝王經四天王觀察人天品第十一
尒時多聞天王持國天王增長天王廣目天王
俱從座起偏袒右肩右膝著地合掌向佛礼
佛足已白言世尊是金光明最勝王經一切
諸佛常念觀察一切菩薩之所恭敬一切
天龍常所供養及諸天衆常生歡喜一切
護世稱揚讚歎聲聞獨覺皆共受持悉能明
照諸天宮殿能與一切衆生殊勝安樂止息地
獄餓鬼傍生諸趣苦惱一切怖畏悉能除殄
所有怨敵尋即退散飢饉惡時能令豐稔疾
疫病苦皆令蠲愈一切灾變百千苦惱咸悉
消滅世尊是金光明最勝王經能爲如是安
隱利樂饒益我等唯願世尊於大衆中廣爲

味氣力充實增益威光精進勇猛神通倍
勝世尊我等四王修行正法常說正法以法化
世我等令彼天龍藥叉揵闥婆阿蘇羅揭路
荼俱槃荼緊那羅莫呼羅伽及諸人王常以
正法而化於世遮去諸惡所有鬼神吸人精氣
无慈悲者悉令遠去世尊我等四王與二十
八部藥叉大將并與无量百千藥叉以淨天
眼過於世人觀察擁護此贍部洲世尊以此
因緣我等諸王名護世者又復於此贍部洲中
若有國王被他怨賊常來侵擾及多飢饉疾
疫流行无量百千災厄之事世尊我等四王
於此金光明最勝王經恭敬供養若有苾
芻法師受持讀誦我等四王共往覺悟勸請
其人時彼法師由我神通覺悟力故往彼國界

其人時彼法師由我神通覺悟力故往彼國界
廣宣流布是金光明微妙經典由經力故令
彼无量百千衰惱灾厄之事悉皆除遣世尊
若諸人王於其國內有持是經苾芻法師至
彼國時當知此經亦至其國世尊時彼國王
應往法師處聽其所說聞已歡喜於彼法師
恭敬供養深心擁護令無憂惱演說此經
利益一切世尊以是緣故我等四王皆共一心
護是人王及國人民令離灾患常得安隱世
尊若有苾芻苾芻尼鄔波索迦鄔波斯迦持
是經者時彼人王隨其所須供給供養令無
乏少我等四王令彼國主及以國人悉皆安
隱遠離灾患世尊若有受持讀誦是經典者
人王於此供養恭敬尊重讚歎我等當令彼
王於諸王中恭敬尊重最為第一諸餘國王

[illegible]大衆聞已歡喜[illegible]

金光明經卷第五

BD00824 大通方廣懺悔滅罪莊嚴成佛經（异本）卷中

318.5cm × 26.6cm

是諸如来界不見授記復過此劫〻名梵音
我於此劫供養廿二億諸佛如来是諸如来
界不見授記復過此劫〻名心書我於此劫
供養八万四千諸佛如来是諸如来界不見
授記復過此劫劫名赧若國名莊嚴佛号大
施如来應供正遍知十号具足我於此劫供
養四十億佛得聞此經煩惱永除目猶未覩
我於尒時皆以一切供養之具而供養之是
諸如来界不見与我授記善男子我於往昔
若干劫中供養若干諸佛如来尊重讚嘆煩
惱得除具足聲聞威儀禁戒淨脩梵行學行
布施一切持戒及行頭陁離於憒閙頭惠愚

受持[illegible]
所聞慧讀誦思義是諸如来所不見授記何
以故所受禁戒多毀犯故深著聲聞二乘行
故不聞大乘方廣經故以是義故若諸菩薩
摩訶薩等應當遠離二乘之行脩集大乘方
廣經典則得授記若我以一劫若減一劫說
是佛名不可得盡善男子我過是後得見定
光佛為无量大衆說是大乘大通方廣我於
尒時得聞得見彼佛所受持讀誦思惟其義
即得无生法忍定光如来即授我記汝於来
世當得作佛号釋迦牟尼如来應供正遍知
是故善男子受持是經疾至佛地況消世間
人天供養善男子是故大乘經典力施寶藏
不可思議惠施破戒貧窮威儀寶珠善男子
大乘如大海小乘牛跡水大乘如須弥小乘

大乘如大海小乘牛跡水大乘如須彌小乘
蟻子城大乘如日月小乘打火星是乘名大
乘不可思議乘容受諸衆生猶如虛空中一
切諸乘中此乘爲第一如是大乘者餘出種
種乘小乘有限量不能度一切唯此无上乘悉
能度衆生若行此无量虛空之大乘虛空无
有量亦无有形色大乘亦如是无量无鄣㝵
一切諸衆生乘於此大乘當觀是乘相廣博
多容受若於无量劫說大乘功德及乘此乘
者不可得窮盡一切諸乘中大乘最爲勝是
心受大乘得趣菩提樹无縛无鄣㝵今此无
上乘能勝下劣乘坐於道樹下觀於十二緣
哀愍衆生故爲說大乘經十方諸衆生若乘
大乘者亦无增減容受如虛空大乘叵思議
[illegible]

[illegible]
乘具足六神通三明三達門能壞魔外道并
及諸耶見大乘最為要能破諸煩惱具足諸
善根是故大乘力其實難思議一切世間法
及以出世法有學无學法攝在大乘中若有
衆生行惡道親近耶見惡知識遠離此事歸
大乘若人不樂求大乘不能破壞煩惱結欲
求解脫學大乘若有大人解大事聞說大乘
心歡喜當知即是大乘人得心寂靜具神通
皆由大乘自莊嚴若人有能行大乘是則不
斷三寶種若有趣向大乘者是人即得无量
福能到十方諸世界供養十方无量佛如是
大乘方廣經世間諸乘无能勝具足威德破
生死是故大乘難思議得色得力得自在具
足成就常法身若有乘出大乘皆是大乘之

生死是故大乘難思議得色得力得自在具
足成就常法身若有乘此大乘者是人受於
无上樂捨身自施脩慈悲是故得此无上乘
持戒精進脩梵行能以神通郭日月皆由久
脩大乘行自心勤脩常精進是人則得於大
乘應有无量苦惱報脩集大乘得除滅若能
安住大乘與長受快樂如諸佛具足正念懃
精進雖四如意神通力依止正法及真義皆
由久脩大乘經具足十力无所畏相好莊嚴
卅二金剛三昧一切摠皆由脩於大乘之善
男子若有持此大乘經與一字一句乃至一
偈永脫諸苦難終不墮惡道得到安樂處於
後惡世時若得是經者我皆与授記究竟成
佛道若持此經者佛常近是人是人常近佛

佛聞此方廣經往忌得授記号為釋迦牟尼
於我滅度後若有學是經我亦与授記若人
來世中能解此經義為諸愚者說佛雖不在
世不斷於三寶亦如佛現在所以者何我從
无量佛受持此經於末劫中為人廣說是以
獲得卅二相虛空藏菩薩白佛言世尊一切
諸佛皆亦說此卅二相佛今復說卅二相是
何業因之所成就唯願世尊當為說之
佛告虛空藏菩薩言善男子如來成就无量
功德是故得成卅二相我若廣說窮劫不盡
今當為汝略而說之如來至心護持淨戒得
足下平滿相脩種々恵施故得千輻輪相不
欺一切諸衆生故得足跟膔相護正法故得指
纖長相不壞破他故得網縵相以妙服奉施

BD00824　大通方廣懺悔滅罪莊嚴成佛經（异本）卷中

纖長相不壞破他故得網縵相以妙服奉施
故得手足滿相以淨食施故得七處滿相善
聞佛法故得鹿王膞相覆藏他罪過故得馬
陰藏相脩十善法故得上身如師子王相常
以善法化衆生故得缺骨平滿相救護怖畏
故得髀肘臑相見他造三寶菓藥佐助故得
手摩膝相常脩万善法故得清淨身相常施
病者藥故得所食之物至咽悉現相常救疾
厭脩善法故得師子頰相於諸衆生心平等
故得卌齒相慈和合諍訟故得齒密相以珎
寶施故得齒齊相身口意淨故得二牙白相
護口四過故得廣長舌相成熟无量功德故
得味中上味相於諸衆生常以滿語故得梵
音相脩集慈心故得細長目相至心求於无
上菩提故得牛王睫相讚歎他人所有功德

故得肉髻相樂說大乘法故得身柔濡相憙
敷具故得金光明相遠離衆說世間故得一
一孔毛生相樂親善友師長教勑故得身毛
上靡相不以惡事加衆生故得鹿色精相常
勸衆生循三昧故得圓滿如尼拘陁相所生
之處憙造佛像故得那羅延力相善男子菩
薩摩訶薩成就如是无量功德獲得如是三
十二相虛空藏菩薩白佛言世尊我觀諸法
都无相貌又觀如來亦非是行云何而言廣
循諸行我觀諸佛法僧苦集滅道陰入界等
十二因緣諸波羅蜜內外因果空无相願不
見出生不見滅沒如幻如化如炎如響如水
中月龜毛兔角如空中之華如石女之子如
著影衣多乘白鳥如有如无及以有无非有

BD00824　大通方廣懺悔滅罪莊嚴成佛經（异本）卷中

若影衣多乘白鳥如有如无及以有无非有
非无非常非斷非生非滅非内非外非見非
識猶如虚空云何而言我脩諸法我觀如來
不非衆生壽命士夫不非眼色非色相行非
耳非聲非耳聲相行非鼻非香非鼻香相行
非舌非味相行非身非觸相行非意非法非
意法相行非識非色非識色相行非色非苦
非色苦相行非我非顛非行非陰非實非虚
非衆非散非出非入受想行識不復如是非
去非來无有住處无心意〻識无有身口意
業非一非二非去來現在非諸非淨非我衆
生壽命士夫非常非斷无生无滅无脩无行
无捨无受果實常住云何而言廣脩諸行
尒時佛讚虚空藏菩薩摩訶薩言善哉善哉
善男子汝過去世時曾已供養无量諸佛久

如來畢竟常住善男子譬如蓮花
雖在泥中逕歷千年其性常淨出已如本汝
等今者亦復如是了知法相本性清淨汝等
今者雖在三界五濁泥中助佛揚化亦復不
為泥之所汙以不汙故能聞此義善男子汝
今復聽當為說之一切万法實无相貌有文
字故說言有法法中无字字中无法為流布
故說有文字文字之中亦无菩提菩提之中
亦无文字第一義諦雖无文字世俗道中說
有文字衆生佛性无上菩提不離文字善男
子實如汝說如來无盡无生不脩不行離諸
脩行不入正位亦不退轉一生不生兜率陁
天不從天下不處世胎於一切法心无所住
亦不說言我已過於生老病死亦不四維七
步而行亦不自言我是世間无上之尊不處
中宮寀女娛樂不習世間安樂之事亦復不

BD00824　大通方廣懺悔滅罪莊嚴成佛經（异本）卷中

步而行亦不自言我是世間无上之尊不處
中宫釆女娱樂不習世間伎樂之事亦復不
學騎馬角力欲度衆生示現老人爲壞貪
身示現病苦爲壞貪壽示現死相爲壞貪欲
及我我所示現沙門爲令衆生不求梵天帝
釋之身勤求出世无上之法喻出宫城示現
出離三界繋縛及示非果前後故示現无瞋
愛是故三十二相莊嚴其身爲示衆生良祐
福田剃除周羅棄捨瓔珞遣馬令還放闡陁
羅示現遠離一切煩惱現剃鬚髮示現貪著
於一切法受持袈裟示調衆生從鬱陁伽阿
羅邏諮問受法示現破壞自高之心六年苦
行爲壞外道現受飲食隨世俗法現受梟草
示於知足坐草蓐上示壞憍慢諸天龍神讃
[illegible]

故脩无相願雖得无上菩提之道示現了知
一切法相觀法平等名之為佛佛之智慧无
能勝者所說法要如去來現佛以是義故名
為如來了了見知三世之事善不善法名薩
婆若真實語故名天人師若有學者能作是
觀是名菩薩若作異觀不名菩薩則名欺誑
一切諸佛善男子一切諸佛不出不入不生
不滅為度衆生唱言出世為度衆生唱言滅
度虛空藏菩薩白佛言世尊我實久知法相
理空諸佛如來无出无沒不生王宮雙樹不
滅畢竟常住為度衆生脩諸苦行而入涅槃
實无動轉諸佛如來真實常存應身三界現
五種法身何等為五一者實相法身二者功
德法身三者法性法身四者應化法身五者
虛空法身所以名為實相法身真實妙果衆

虛空法身所以名為寶相法身真寶妙果衆
相永盡體極常住是故名為寶相法身所以
名為功德法身為度衆生施功積行万善備
足是故名為功德法身性法生身者達悟一切
法相理无不同從境生於空解空解滿足從
境得名稱為法性生身何故名為應化法身
如來出世脩應五道善惡悉現物无不濟隨
化物得名是故名為應化法身所以復名虛
空法身者虛空无𨕥法身无𨕥虛空不可
度量法身亦不可度量如來之身猶如大虛
為度衆生應身五分故知如來无生无滅諸
法亦尒為度衆生佛現法興尒時佛告虛空
藏菩薩言善男子汝与如來同解法相一切
境界无鄣无导善男子未来有劫名曰清淨

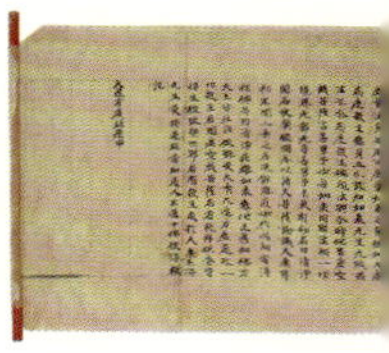

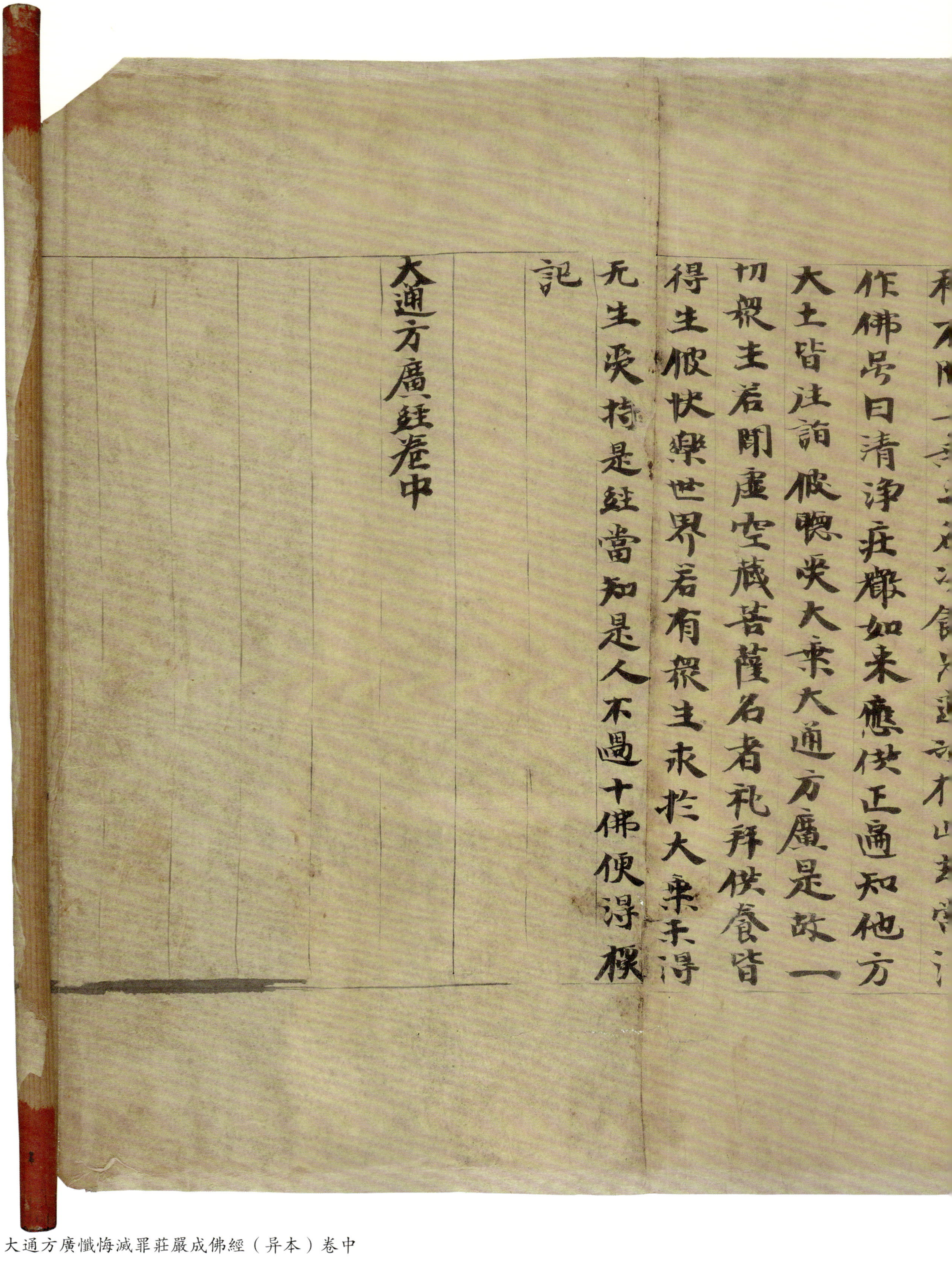

作佛号曰清淨莊嚴如来應供正遍知他方
大士皆往詣彼聽受大乘大通方廣是故一
切衆生若聞虛空藏菩薩名者礼拜供養皆
得生彼快樂世界若有衆生求於大乘乎得
无生受持是經當知是人不過十佛便得授
記

大通方廣經卷中

BD00824　大通方廣懺悔滅罪莊嚴成佛經（异本）卷中

BD00825

金剛般若波羅蜜經

（後秦）鳩摩羅什 譯

258.5cm × 26cm

作礼圍遶以諸華香而散其處
復次須菩提善男子善女人受持讀誦此經
若為人輕賤是人先世罪業應墮惡道以今
世人輕賤故先世罪業則為消滅當得阿耨
多羅三藐三菩提須菩提我念過去无量阿
僧祇劫於然燈佛前得值八百四千万億那
由他諸佛悉皆供養承事无空過者若復有
人於後末世能受持讀誦此經所得功德於
我所供養諸佛功德百分不及一千万億分
乃至筭數譬喻所不能及須菩提若善男子
善女人於後末世有受持讀誦此經所得功
德我若具說者或有人聞心則狂亂狐疑不
信須菩提當知是經義不可思議果報亦不

[illegible]

尒時須菩提白佛言世尊善男子善女人發
阿耨多羅三藐三菩提心云何應住云何降
伏其心佛告須菩提善男子善女人發阿耨
多羅三藐三菩提者當生如是心我應滅度
一切衆生滅度一切衆生已而无有一衆生
實滅度者何以故若菩薩有我相人相衆生
相壽者相則非菩薩所以者何須菩提實
无有法發阿耨多羅三藐三菩提者
須菩提於意云何如来於然燈佛所有法得
阿耨多羅三藐三菩提不不也世尊如我解
佛所說義佛於然燈佛所无有法得阿耨多
羅三藐三菩提佛言如是如是須菩提實
无有法如来得阿耨多羅三藐三菩提須菩提

无有法如来得阿耨多羅三藐三菩提須菩提
若有法如来得阿耨多羅三藐三菩提然燈
佛則不與我受記汝於来世當得作佛号釋
迦牟尼以實无有法得阿耨多羅三藐三菩
提是故然燈佛與我受記作是言汝於来世
當得作佛号釋迦牟尼何以故如来者即
諸法如義若有人言如来得阿耨多羅三藐
三菩提須菩提實无有法佛得阿耨多
羅三藐三菩提須菩提如来所得阿耨多
羅三藐三菩提於是中无實无虚是故
如来說一切法皆是佛法須菩提所言一切
法者即非一切法是故名一切法
須菩提譬如人身長大須菩提言世尊如

須菩提菩薩亦如是若作是言我當滅度
无量衆生則不名菩薩何以故須菩提實无
有法名為菩薩是故佛說一切法无我无人无
衆生无壽者須菩提若菩薩作是言我當
莊嚴佛土是不名菩薩何以故如来說莊嚴
佛土者即非莊嚴是名莊嚴須菩提若菩
薩通達无我法者如来說名真是菩薩
須菩提於意云何如来有肉眼不如是世尊
如来有肉眼須菩提於意云何如来有天眼
不如是世尊如来有天眼須菩提於意云何
如来有慧眼不如是世尊如来有慧眼須菩
提於意云何如来有法眼不如是世尊如来
有法眼須菩提於意云何如来有佛眼不如
是世尊如来有佛眼須菩提於意云何恒河

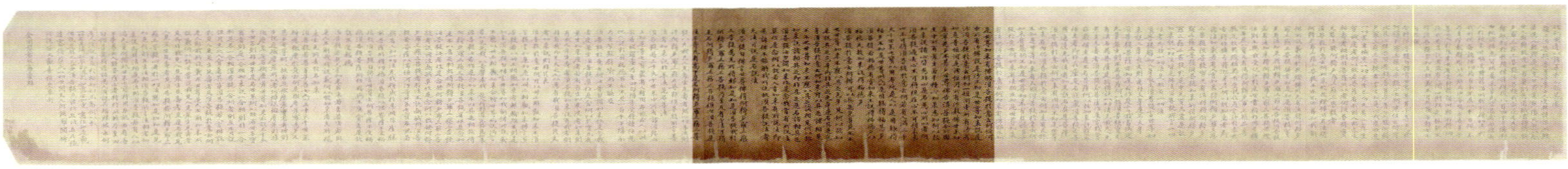

是世尊如来有佛眼須菩提於意云何恒河
中所有沙佛說是沙不如是世尊如来說是
沙須菩提於意云何如一恒河中所有沙有
如是等恒河是諸恒河所有沙數佛世界如
是寧為多不甚多世尊佛告須菩提尒所國
土中所有衆生若干種心如来悉知何以故
如来說諸心皆為非心是名為心所以者何
須菩提過去心不可得現在心不可得未来
心不可得須菩提於意云何若有人滿三千
大千世界七寶以用布施是人以是因緣得
福多不如是世尊此人以是因緣得福甚多
須菩提若福德有實如来不說得福德多以
福德无故如来說得福德多
須菩提於意云何佛可以具足色身見不不

世世尊如来不應以具足色身見何以故如
来説具足色身即非具足色身是名具足色
身須菩提於意云何如来可以具足諸相見
不不世世尊如来不應以具足諸相見何以故
如来説諸相具足即非具足是名諸相具足
須菩提汝勿謂如来作是念我當有所説法
莫作是念何以故若人言如来有所説法即
為謗佛不能解我所説故須菩提説法者
无法可説是名説法
須菩提白佛言世尊佛得阿耨多羅三藐
三菩提為无所得耶如是如是須菩提我於
阿耨多羅三藐三菩提乃至无有少法可得
是名阿耨多羅三藐三菩提復次須菩提是
法平等无有高下是名阿耨多羅三藐三菩

法平等无有高下是名阿耨多羅三藐三菩
提以无我无人无衆生无壽者脩一切善法則
得阿耨多羅三藐三菩提須菩提所言善
法者如来說非善法是名善法
須菩提若三千大千世界中所有諸須弥山
王如是等七寶聚有人持用布施若人以此
般若波羅蜜乃至四句偈等受持讀誦爲
他人說於前福德百分不及一百千万億分
乃至筭數譬喻所不能及
須菩提於意云何汝等勿謂如来作是念我
當度衆生須菩提莫作是念何以故實无有
衆生如来度者若有衆生如来度者如来則
有我人衆生壽者須菩提如来說有我者則
非有我而凡夫之人以爲有我須菩提凡夫

夫以為說則非凡夫
須菩提於意云何可以卅二相觀如来不須
菩提言如是如是以卅二相觀如来佛言須
菩提若以卅二相觀如来者轉輪聖王則是
如来須菩提白佛言世尊如我解佛所說義
不應以卅二相觀如来尒時世尊而說偈言
若以色見我　以音聲求我　是人行邪道不能見如来
須菩提汝若作是念如来不以具足相故得
阿耨多羅三藐三菩提須菩提莫作是念如
来不以具足相故得阿耨多羅三藐三菩提
須菩提汝若作是念發阿耨多羅三藐三菩
提者說諸法斷滅莫作是念何以故發阿耨
多羅三藐三菩提者於法不說斷滅相須菩
提若菩薩以滿恒河沙等世界七寶布施若

多羅三藐三菩提者於法不說斷滅相須菩
提若菩薩以滿恒河沙等世界七寶布施若
復有人知一切法无我得成於忍此菩薩勝
前菩薩所得功德須菩提以諸菩薩不受福
德故須菩提白佛言世尊云何菩薩不受福
德須菩提菩薩所作福德不應貪著是故
說不受福德
須菩提若有人言如来若来若去若坐若卧
是人不解我所說義何以故如来者无所從
来亦无所去故名如来
須菩提若善男子善女人以三千大千世界
碎為微塵於意云何是微塵衆寧為多不
甚多世尊何以故若是微塵衆實有者佛則
不說是微塵衆所以者何佛說微塵衆則非

微塵衆是名微塵衆世尊如來所說三千大
千世界則非世界是名世界何以故若世界實
有者則是一合相如來說一合相則非一合
相是名一合相須菩提一合相者則是不可說
但凡夫之人貪著其事須菩提若人言佛說
我見人見衆生見壽者見須菩提於意云何
是人解我所說義不世尊是人不解如來所
說義何以故世尊說我見人見衆生見壽者
見即非我見人見衆生見壽者見是名我見
人見衆生見壽者見須菩提發阿耨多羅三
藐三菩提心者於一切法應如是知如是見
如是信解不生法相須菩提所言法相者如
來說即非法相是名法相須菩提若有人以
滿無量阿僧祇世界七寶持用布施若有善

滿无量阿僧祇世界七寶持用布施若有善
男子善女人發菩薩心者持於此經乃至四
句偈等受持讀誦為人演說其福勝彼云何
為人演說不取於相如如不動何以故
一切有為法 如夢幻泡影 如露亦如電 應作如是觀
佛說是經已長老須菩提及諸比丘比丘尼優
婆塞優婆夷一切世間天人阿脩羅聞佛
所說皆大歡喜信受奉行

金剛般若波羅蜜經

BD00826 大般若波羅蜜多經卷五〇

（唐）玄奘 譯

722.2cm × 25.5cm

處眼□□耳鼻舌身意處耳□
處相空色處色處相空聲香味觸
香味觸法處相空眼界眼界相空
及眼觸眼觸為緣所生諸受色界□
緣所生諸受相空耳界耳界相空聲
界及耳觸耳觸為緣所生諸受聲
觸為緣所生諸受相空鼻界鼻界
鼻識界及鼻觸鼻觸為緣所生□
至鼻觸為緣所生諸受相空舌界
味界舌識界及舌觸舌觸為緣所□
界乃至舌觸為緣所生諸受相空□
相空觸界身識界及身觸身觸為□
受觸界乃至身觸為緣所生諸受相
意界相空法界意識界及意觸意觸
生諸受法界乃至意觸為緣所生諸受

界相空苦聖諦苦聖諦相空集滅道
集滅道聖諦相空无明无明相空行識
處觸受愛取有生老死愁歎苦憂惱行乃至
老死愁歎苦憂惱相空内空内空相空外空
内外空空空大空勝義空有為空无為空畢
竟空无際空散空无變異空本性空自相空
共相空一切法空不可得空无性空自性空
无性自性空外空乃至无性自性空相空四
静慮四静慮相空四无量四无色定四无量
四无色定相空四念住四念住相空四正斷
四神足五根五力七等覺支八聖道支四正
斷乃至八聖道支相空空解脫門空解脫門
相空无相无願解脫門无相无願解脫門相
空布施波羅蜜多布施波羅蜜多相空淨戒

空布施波羅蜜多布施波羅蜜多相空淨戒
安忍精進慮般若波羅蜜多淨戒乃至般
若波羅蜜多相空五眼五眼相空六神通六
神通相空佛十力佛十力相空四无所畏四
无礙解大慈大悲大喜大捨十八佛不共法
一切智道相智一切相智四无所畏乃至一
切相智相空菩薩菩薩相空擐功德鎧擐功
德鎧相空世尊由此因緣菩薩摩訶薩不擐
功德鎧當知是爲擐大乘鎧佛告善現 如
是如是如汝所説
善現當知一切智智无造无作一切有情亦
无造无作菩薩摩訶薩爲是事故擐大乘鎧
具壽善現白佛言世尊何因緣故一切智智
无造无作一切有情亦无造无作菩薩摩訶

无造无作所以者何善現我非造非不造非
作非不作何以故我畢竟不可得故有情命
者生者養者士夫補特伽羅意生儒童作
者使者起者使起者受者使受者知者見
者非造非不造非作非不作何以故有情乃
至見者畢竟不可得故善現幻事非造非不
造非作非不作何以故幻事畢竟不可得故
夢境像響光影空花陽焰尋香城變化事非
造非不造非作非不作何以故夢境乃至變化
事畢竟不可得故善現色非造非不造非作
非不作何以故色畢竟不可得故受想行識
非造非不造非作非不作何以故受想行識
畢竟不可得故善現眼處非造非不造非作
非不作何以故眼處畢竟不可得故耳鼻舌

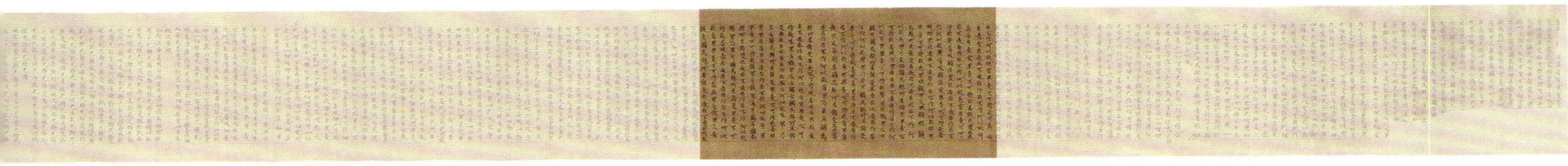

非不作何以故眼處畢竟不可得故耳鼻舌
身意處非造非不造非作非不作何以故耳
鼻舌身意處畢竟不可得故善現色處非造
非不造非作非不作何以故色處畢竟不可
得故聲香味觸法處非造非不造非作非不
作何以故聲香味觸法處畢竟不可得故善
現眼界非造非不造非作非不作何以故眼界
畢竟不可得故色界眼識界及眼觸眼觸
為緣所生諸受非造非不造非作非不作何
以故色界乃至眼觸為緣所生諸受畢竟不
可得故善現耳界非造非不造非作非不作何
以故耳界畢竟不可得故聲界耳識界及耳
觸耳觸為緣所生諸受非造非不造非作非
不作何以故聲界乃至耳觸為緣所生諸受

非不作何以故鼻界畢竟不可得故善現鼻
識界及鼻觸鼻觸為緣所生諸受非造非不
造非作非不作何以故香界乃至鼻觸為
緣所生諸受畢竟不可得故善現舌界非造
非不造非作非不作何以故舌界畢竟不可
得故味界舌識界及舌觸舌觸為緣所生諸
受非造非不造非作非不作何以故味界乃
至舌觸為緣所生諸受畢竟不可得故善現
身界非造非不造非作非不作何以故身界
畢竟不可得故觸界身識界及身觸身觸為
緣所生諸受非造非不造非作非不作何以故
觸界乃至身觸為緣所生諸受畢竟不可
得故善現意界非造非不造非作非不作何以
故意界畢竟不可得故法界意識界及意
觸意觸為緣所生諸受非造非不造非作非

觸意觸爲緣所生諸受非造非不造非作非
不作何以故法界乃至意觸爲緣所生諸受
畢竟不可得故善現地界非造非不造非作
非不作何以故地界畢竟不可得故水火風
空識界非造非不造非作非不作何以故水
火風空識界畢竟不可得故善現苦聖諦非
造非不造非作非不作何以故苦聖諦畢竟
不可得故集滅道聖諦非造非不造非作非
不作何以故集滅道聖諦畢竟不可得故善
現无明非造非不造非作非不作何以故无
明畢竟不可得故行識名色六處觸受愛取
有生老死愁嘆苦憂惱非造非不造非作非
不作何以故行乃至老死愁歎苦憂惱畢竟
不可得故善現內空非造非不造非作非不作

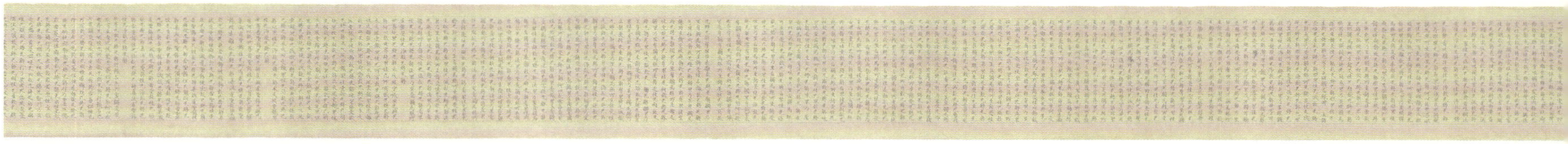

際空散空无變異空本性空自相空共相空
一切法空不可得空无性空自性空无性自
性空非造非不造非作非不作何以故外空
乃至无性自性空畢竟不可得故善現四靜
慮非造非不造非作非不作何以故四靜慮
畢竟不可得故四无量四无色定非造非不
造非作非不作何以故四无量四无色定畢
竟不可得故善現四念住非造非不造非作
非不作何以故四念住畢竟不可得故四正斷
四神足五根五力七等覺支八聖道支非
造非不造非作非不作何以故四正斷乃至
八聖道支畢竟不可得故善現空解脫門非
造非不造非作非不作何以故空解脫門畢
竟不可得故无相无願解脫門非造非不造

造非不造非作非不作何以故空解脫門畢
竟不可得故无相无願解脫門非造非不造
非作非不作何以故无相无願解脫門畢竟
不可得故善現布施波羅蜜多非造非不造
非作非不作何以故布施波羅蜜多畢竟不
可得故淨戒安忍精進靜慮般若波羅蜜多
非造非不造非作非不作何以故淨戒乃至般
若波羅蜜多畢竟不可得故善現五眼非
造非不造非作非不作何以故五眼畢竟不
可得故六神通非造非不造非作非不作何
以故六神通畢竟不可得故善現佛十力非
造非不造非作非不作何以故佛十力畢竟
不可得故四无所畏四无礙解大慈大悲大
喜大捨十八佛不共法一切智道相智一切
相智非造非不造非作非不作何以故四无所
畏乃至一切相智畢竟不可得故善現菩

竟不可得故法界法性不虛妄性不變異性
平等性離生性法定法住實際非造非不造
非作非不作何以故法界乃至實際畢竟
不可得故善現菩薩非造非不造非作非不
作何以故菩薩畢竟不可得故善現如來
應正等覺非造非不造非作非不作何以故
如來應正等覺畢竟不可得故善現由是因
緣一切智智无造无作一切有情亦无造无
作菩薩摩訶薩為是事故擐大乗鎧善現由
此義故菩薩摩訶薩不擐功德鎧當知是為
擐大乗鎧
尒時具壽善現白佛言世尊如我解佛所說
義色无縛无解受想行識无縛无解何以故
世尊色性无所有故无縛无解受想行識性

何以故
世尊色性无所有故无縛无解受想行識性
无所有故无縛无解色性遠離故无縛无解
受想行識性遠離故无縛无解色性寂靜故
无縛无解受想行識性寂靜故无縛无解色
性空故无縛无解受想行識性空故无縛无
解色性无想故无縛无解受想行識性无相
故无縛无解色性无願故无縛无解受想行
識性无願故无縛无解色性无生故无縛无
解受想行識性无生故无縛无解色性无滅
故无縛无解受想行識性无滅故无縛无解
色性无染故无縛无解受想行識性无染故
无縛无解色性无淨故无縛无解受想行識
性无淨故无縛无解
世尊眼處无縛无解耳鼻舌身意處无縛无
解丁又文世尊眼處性无所有故无縛无解

耳鼻舌身意處性无所有故无縛无解眼處
性遠離故无縛无解耳鼻舌身意處性遠離
故无縛无解眼處性寂靜故无縛无解耳鼻
舌身意處性寂靜故无縛无解眼處性空故
无縛无解耳鼻舌身意處性空故无縛无解
眼處性无相故无縛无解耳鼻舌身意處性
无相故无縛无解眼處性无願故无縛无解
耳鼻舌身意處性无願故无縛无解眼處性
无生故无縛无解耳鼻舌身意處性无生故
无縛无解眼處性无滅故无縛无解耳鼻舌
身意處性无滅故无縛无解眼處性无染故
无縛无解耳鼻舌身意處性无染故无縛无
解眼處性无淨故无縛无解耳鼻舌身意處
性无淨故无縛无解世尊色處无縛无解聲
香味觸法處无縛无解何以故世尊色處性

香味觸法處无縛无解何以故世尊色處性
无所有故无縛无解聲香味觸法處性无所
有故无縛无解色處性遠離故无縛无解聲
香味觸法處性遠離故无縛无解色處性寂
靜故无縛无解聲香味觸法處性寂靜故无
縛无解色處性空故无縛无解聲香味觸法
處性空故无縛无解色處性无相故无解无
解聲香味觸法處性无相故无縛无解色處
性无願故无縛无解聲香味觸法處性无願
故无縛无解色處性无生故无縛无解聲香
味觸法處性无生故无縛无解色處性无滅
故无縛无解聲香味觸法處性无滅故无縛
无解色處性无染故无縛无解聲香味觸法
處性无染故无縛无解色處性无淨故无縛
无解聲香味觸法處性无淨故无縛无解

世尊眼界无縛无解色界眼識界及眼觸眼
觸為緣所生諸受无縛无解何以故世尊眼
界性无所有故无縛无解色界眼識界及眼
觸眼觸為緣所生諸受性无所有故无縛无
解眼界性遠離故无縛无解色界乃至眼觸
為緣所生諸受性遠離故无縛无解眼界性
寂靜故无縛无解色界乃至眼觸為緣所生
諸受性寂靜故无縛无解眼界性空故无縛
无解色界乃至眼觸為緣所生諸受性空故
无縛无解眼界性无相故无縛无解色界乃
至眼觸為緣所生諸受性无相故无縛无解
眼界性无願故无縛无解色界乃至眼觸為
緣所生諸受性无願故无縛无解眼界性无
生故无縛无解色界乃至眼觸為緣所生諸
受性无生故无縛无解眼界性无滅故无縛
无解色界乃至眼觸為緣所生諸受性无滅

受性无生故无縛无解眼果性无滅故无縛
无解色果乃至眼觸為緣所生諸受性无滅
故无縛无解眼果性无染故无縛无解色果
乃至眼觸為緣所生諸受性无染故无縛无
解眼果性无淨故无縛无解色果乃至眼觸
為緣所生諸受性无淨故无縛无解世尊耳
果无縛无解聲果耳識果及耳觸耳觸為緣
所生諸受无縛无解何以故世尊耳果性无
所有故无縛无解聲果耳識果及耳觸耳觸
為緣所生諸受性无所有故无縛无解耳果
性遠離故无縛无解聲果乃至耳觸為緣所
生諸受性遠離故无縛无解耳果性寂靜故
无縛无解聲果乃至耳觸為緣所生諸受性
寂靜故无縛无解耳果性空故无縛无解聲

為緣所生諸受性无相故无縛无解耳界性
无願故无縛无解聲界乃至耳觸為緣所生
諸受性无願故无縛无解耳界性无生故无
縛无解聲界乃至耳觸為緣所生諸受性无
生故无縛无解耳界性无滅故无縛无解聲
界乃至耳觸為緣所生諸受性无滅故无縛
无解耳界性无染故无縛无解聲界乃至耳
觸為緣所生諸受性无染故无縛无解耳界
性无淨故无縛无解聲界乃至耳觸為緣所
生諸受性无淨故无縛无解世尊鼻界无縛
无解香界鼻識界及鼻觸鼻觸為緣所生諸
受无縛无解何以故世尊鼻界性无所有故
无縛无解香界鼻識界及鼻觸鼻觸為緣
所生諸受性无所有故无縛无解鼻界性遠離
故无縛无解香界乃至鼻觸為緣所生諸受

所生諸受性无所有故无縛无解鼻界性遠離
故无縛无解香界乃至鼻觸爲緣所生諸受
性遠離故无縛无解鼻界性寂靜故无縛无
解香界乃至鼻觸爲緣所生諸受性寂靜故
无縛无解鼻界性空故无縛无解香界乃至
鼻觸爲緣所生諸受性空故无縛无解鼻界
性无相故无縛无解香界乃至鼻觸爲緣所
生諸受性无相故无縛无解鼻界性无願故
无縛无解香界乃至鼻觸爲緣所生諸受性
无願故无縛无解鼻界性无生故无縛无解
香界乃至鼻觸爲緣所生諸受性无生故无
縛无解鼻界性无滅故无縛无解香界乃至
鼻觸爲緣所生諸受性无滅故无縛无解鼻
界性无染故无縛无解香界乃至鼻觸爲緣
所生諸受性无染故无縛无解鼻界性无淨

无淨故无縛无解世尊舌果无縛无解味果
舌識果及舌觸舌觸爲緣所生諸受无縛无
解何以故世尊舌果性无所有故无縛无解
味果舌識果及舌觸舌觸爲緣所生諸受性
无所有故无縛无解舌果性遠離故无縛无
解味果乃至舌觸爲緣所生諸受性遠離故
无縛无解舌果性寂靜故无縛无解味果乃
至舌觸爲緣所生諸受性寂靜故无縛无解
舌果性空故无縛无解味果乃至舌觸爲緣
所生諸受性空故无縛无解舌果性无相故无
縛无解味果乃至舌觸爲緣所生諸受性无
相故无縛无解舌果性无願故无縛无解味
果乃至舌觸爲緣所生諸受性无願故无縛
无解舌果性无生故无縛无解味果乃至

无解舌果性无生故无縛无解味果乃至
舌觸爲緣所生諸受性无生故无縛无解舌
果性无滅故无縛无解味果乃至舌觸爲緣
所生諸受性无滅故无縛无解舌果性无染
故无縛无解味果乃至舌觸爲緣所生諸受
性无染故无縛无解舌果性无淨故无縛无解
味果乃至舌觸爲緣所生諸受性无淨故无
縛无解世尊身果无縛无解觸果身識果及
身觸身觸爲緣所生諸受无縛无解何以故
世尊身果性无所有故无縛无解觸果身識
果及身觸身觸爲緣所生諸受性无所有故
无縛无解身果性遠離故无縛无解觸果乃
至身觸爲緣所生諸受性遠離故无縛无解
身果性寂靜故无縛无解觸果乃至身觸爲

性空故无縛无解身果性无相故无縛无解
觸果乃至身觸爲緣所生諸受性无相故无
縛无解身果性无願故无縛无解觸果乃
至身觸爲緣所生諸受性无願故无縛无解身
果性无生故无縛无解觸果乃至身觸爲緣所
生諸受性无生故无縛无解身果性无滅故
无縛无解觸果乃至身觸爲緣所生諸受性
无滅故无縛无解身果性无染故无縛无解
觸果乃至身觸爲緣所生諸受性无染故无
縛无解身果性无淨故无縛无解觸果乃至
身觸爲緣所生諸受性无淨故无縛无解世
尊意果无縛无解法果意識果及意觸意觸
爲緣所生諸受无縛无解何以故世尊意果
性无所有故无縛无解法果意識果及意觸
意觸爲緣所生諸受性无所有故无縛无解

性无所有故无縛无解法果意識果及意觸
意觸爲緣所生諸受性无所有故无縛无解
意果性遠離故无縛无解法果乃至意觸爲
緣所生諸受性遠離故无縛无解意果性寂
靜故无縛无解法果乃至意觸爲緣所生諸
受性寂靜故无縛无解意果性空故无縛无
解法果乃至意觸爲緣所生諸受性空故无縛
无解意果性无相故无縛无解法果乃至意
觸爲緣所生諸受性无相故无縛无解意果
性无願故无縛无解法果乃至意觸爲緣所
生諸受性无願故无縛无解意果性无生故无
縛无解法果乃至意觸爲緣所生諸受性无
生故无縛无解意果性无滅故无縛无解法
果乃至意觸爲緣所生諸受性无滅故无縛

性无淨故无縛无解法界乃至意觸為緣所
生諸受性无淨故无縛无解
世尊地界无縛无解水火風空識界无縛无
解何以故世尊地界性无所有故无縛无解
水火風空識界性无所有故无縛无解地界
性遠離故无縛无解水火風空識界性遠離
故无縛无解地界性寂靜故无縛无解水火
風空識界性寂靜故无縛无解地界性空故
无縛无解水火風空識界性空故无縛无解
地界性无相故无縛无解水火風空識界性
无相故无縛无解地界性无願故无縛无解
水火風空識界性无願故无縛无解地界性
无生故无縛无解水火風空識界性无生故
无縛无解地界性无滅故无縛无解水火風
空識界性无滅故无縛无解地界性无染故

空識果性无滅故无縛无解地果性无染故
无縛无解水火風空識果性无染故无縛无
解地果性无淨故无縛无解水火風空識果
性无淨故无縛无解
世尊苦聖諦无縛无解集滅道聖諦无縛无
解何以故世尊苦聖諦性无所有故无縛无解
集滅道聖諦性无所有故无縛无解苦聖
諦性遠離故无縛无解集滅道聖諦性遠離
故无縛无解苦聖諦性寂靜故无縛无解集
滅道聖諦性寂靜故无縛无解苦聖諦性空
故无縛无解集滅道聖諦性空故无縛无解
苦聖諦性无相故无縛无解集滅道聖諦性
无相故无縛无解苦聖諦性无願故无縛无
解集滅道聖諦性无願故无縛无解苦聖諦

无縛无解苦聖諦性无染故无縛无解集滅
道聖諦性无滅故无縛无解苦聖諦性无染
故无縛无解集滅道聖諦性无染故无縛无
解苦聖諦性无淨故无縛无解集滅道聖諦
性无淨故无縛无解
世尊无明无縛无解行識名色六處觸受愛
取有生老死愁歎苦憂惱无縛无解何以故
世尊无明性无所有故无縛无解行識名色
六處觸受愛取有生老死愁歎苦憂惱性无
所有故无縛无解无明性遠離故无縛无解
行乃至老死愁歎苦憂惱性遠離故无縛无
解无明性寂靜故无縛无解行乃至老死愁
歎苦憂惱性寂靜故无縛无解无明性空故
无縛无解行乃至老死愁歎苦憂惱性空故
无縛无解无明性无相故无縛无解行乃至
老死愁歎苦憂惱性无相故无縛无解无明

无縛无解无明性无相故无縛无解行乃至
老死愁歎苦憂惱性无相故无縛无解无明
性无願故无縛无解行乃至老死愁歎苦憂
惱性无願故无縛无解无明性无生故无縛
无解行乃至老死愁歎苦憂惱性无生故无
縛无解无明性无滅故无縛无解行乃至老
死愁歎苦憂惱性无滅故无縛无解无明性
无染故无縛无解行乃至老死愁歎苦憂惱
性无染故无縛无解无明性无淨故无縛无
解行乃至老死愁歎苦憂惱性无淨故无縛
无解
世尊内空无縛无解外空内外空空空大空
勝義空有為空无為空畢竟空无際空散空
无變異空本性空自相空共相空一切法空

无解何以故[illegible]
解外空空空大空勝義空有為空无
為空畢竟空无際空散空无變異空本性空
自相空共相空一切法空不可得空无性空
自性空无性自性空性无所有故无縛无解
内空性遠離故无縛无解外空乃至无性自
性空性遠離故无縛无解内空性寂靜故无
縛无解外空乃至无性自性空性寂靜故无
縛无解内空性空故无縛无解外空乃至无
性自性空性空故无縛无解内空性无相故
无縛无解外空乃至无性自性空性无相故无
縛无解内空性无願故无縛无解外空乃至
无性自性空性无願故无縛无解内空性无生
故无縛无解外空乃至无性自性空性无生
故无縛无解内空性无滅故无縛无解外空乃
至无性自性空性无滅故无縛无解内空性

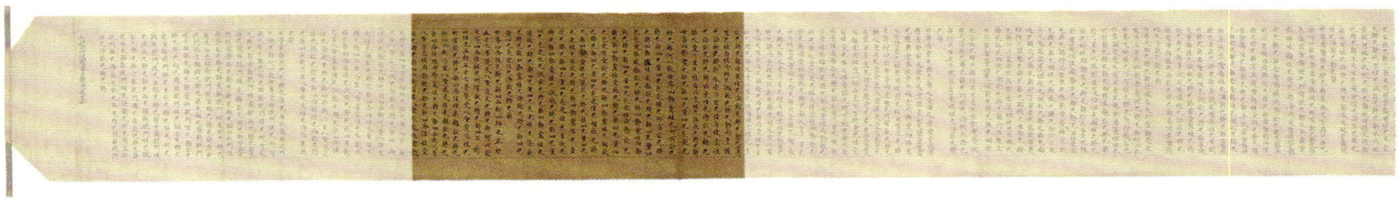

故无缚无解内空性无滅故无缚无解外空乃
至无性自性空性无滅故无缚无解内空性
无染故无缚无解外空乃至无性自性空性
无染故无缚无解内空性无淨故无缚无
解外空乃至无性自性空性无淨故无缚无解
世尊四静慮无缚无解四无量四无色定无
缚无解何以故世尊四静慮性无所有故无
缚无解四无量四无色定性无所有故无缚
无解四静慮性遠離故无缚无解四无量四
无色定性遠離故无缚无解四静慮性寂静
故无缚无解四无量四无色定性寂静故无
缚无解四静慮性空故无缚无解四无量四
无色定性空故无缚无解四静慮性无相故
无缚无解四无量四无色定性无相故无缚

(16-14)

故无縛无解四无量四无色定性无生故无
縛无解四靜慮性无滅故无縛无解四无量
四无色定性无滅故无縛无解四靜慮性无
染故无縛无解四无量四无色定性无染故
无縛无解四靜慮性无淨故无縛无解四无
量四无色定性无淨故无縛无解
世尊四念住无縛无解四正斷四神足五根
五力七等覺支八聖道支无縛无解何以故
世尊四念住性无所有故无縛无解四正斷
四神足五根五力七等覺支八聖道支性无
所有故无縛无解四念住性遠離故无縛无
解四正斷乃至八聖道支性遠離故无縛无
解四念住性寂靜故无縛无解四正斷乃至
八聖道支性寂靜故无縛无解四念住性空
故无縛无解四正斷乃至八聖道支性空故

八聖道支性寂靜故无縛无解四念住性空
故无縛无解四正斷乃至八聖道支性空故
无縛无解四念住性相故无縛无解四正斷
乃至八聖道支性无相故无縛无解四念
住性无願故无縛无解四正斷乃至八聖道
支性无願故无縛无解四念住性无生故无
縛无解四正斷乃至八聖道支性无生故无
縛无解四念住性无滅故无縛无解四正斷
乃至八聖道支性无滅故无縛无解四念住
性无染故无縛无解四正斷乃至八聖道支
性无染故无縛无解四念住性无淨故无縛
无解四正斷乃至八聖道支性无淨故无縛
无解
世尊空解脫門无縛无解无相无願解脫門

故无縛无解无相无願解脱門性遠離故
无縛无解空解脱門性遠離故无縛无解无
相无願解脱門性遠離故无縛无解空解脱
門性寂靜故无縛无解无相无願解脱門性
寂靜故无縛无解空解脱門性空故无縛无
解无相无願解脱門性空故无縛无解空解
脱門性无相故无縛无解无相无願解脱門
性无相故无縛无解空解脱門性无願故无
縛无解无相无願解脱門性无願故无縛无
解空解脱門性无生故无縛无解无相无
願解脱門性无生故无縛无解空解脱門性
无滅故无縛无解无相无願解脱門性无滅
故无縛无解空解脱門性无染故无縛无解
无相无願解脱門性无染故无縛无解空解
脱門性无淨故无縛无解无相无願解脱門
性无淨故无縛无解

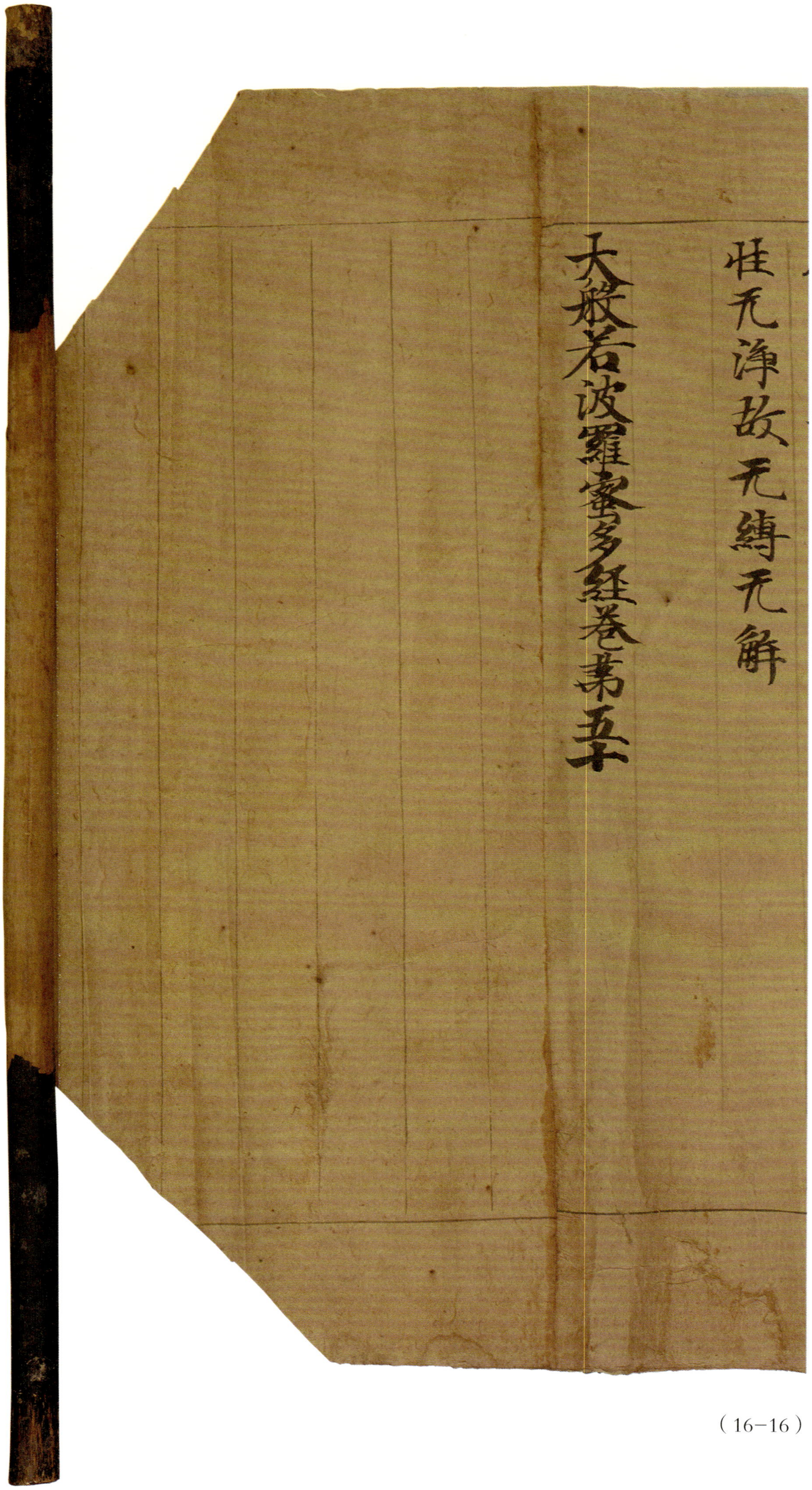
性无淨故无縛无解
大般若波羅蜜多經卷第五十

BD00827

金剛仙論卷三

世親菩薩 造

金剛仙論師 釋

（北魏）菩提流支 譯

BD00827v

金剛仙論卷三外題

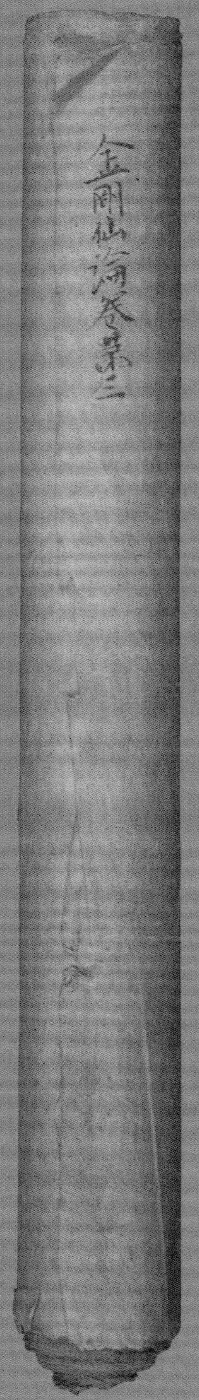

427.5cm × 26.3cm

又經復言須菩提如來悉知悉見者上來諸
偈皆先作偈釋後舉經結之此中何故先列
經於前後方作偈論而釋以上總釋後兩段
經此猶未解所以先舉也然此論主解義多
徒或先舉後釋或先釋後結而此依闡陁論
法也此所以總釋後二經文今方在此釋悉
知悉見者前明三種信人勢相屬者以此知
見是任放辯才義通三人列三人說明知見
義顯故方釋之此明何義者論主欲釋如來
悉知悉見是諸衆生義故問此悉知悉見明
何等義即以偈荅云佛非見果知此一偈正
釋經中如來悉知悉見是諸衆生佛非見果
知者明如來以現智了了知此人決定能信
名為持戒非見有威儀相狠者謂為能信名
持戒人[illegible]

非比智知者云何知荅曰願智力現見願智
者如来百卌不共法中願智力亦云自在力
也非同小乘發願後方有智也求供養恭敬
彼人不能說者上半偈明引佛為證成前二
種能信人也此下半偈出破戒不信之人實
不持戒為利養故詐言持戒者彼人不能自
說我是持戒有功德能信之人以如来力知
也
此義云何以下一段長行論凡有二意從初
至不能自說已前釋上一偈又是諸菩薩以
下釋偈外兩處經也就初釋偈中復有二意
從持戒等至以有二語釋上半偈彼持戒等
人至願智如現見故釋前半偈中知見之義
如来悉知便是以下至以有二語故論主設不

如來悉知便是以下至以有二語故論主設不
須並明知見二法之難即荅須並明知見
二法之義也何故如是說者論主設問何故
住此不須知見之問荅須知見之說故云何
故如是說也即荅以有二語故明知有現智
知有比智知有佛眼見肉眼等見以有此二
語不同故設此問荅欲使人識如來云知見
者是現智知佛眼見非比智知肉眼見也
又何故如來如是說以下明知見中第二意
釋下半偈又何故如來如是說者論主設問
云如來唯知二人有信明於知之与見為當
更餘意也故即引下半偈荅明如來不但知
見此二人有能信之德若有人實不信此經
實不持戒為求供養恭敬誑言持戒有信

[illegible]

者生者此明前二人能信之福决定能住菩

提因故云能生因也取者論釋云勳於自體

果義者明此一念信心非但能与佛果住决

定因義由此一念信心為因復能修行斷惑

顯出法身无上佛果也明此前二人决定能

修行取佛果也

又何以故須菩提若取法相則為著我等者

此一段經在我法二空經文之後所以解在於

此餘經文其經在下而在前釋者明餘經共

成有智慧人我法二空之解義勢相屬引之

前釋然此經文乃明二地已上修道中所斷

之惑在下義便故遣之於此也但有无明使

者此是功用之惑善法煩惱釋經中若取法

相則為著我等二句經也无現行麁煩惱者

相則為著我等二句經也无現行煩惱者
无三界四住我見等處或故言无現行煩
惱以示无我我見四住煩惱以我者為本六
十二見亦因而有談其无本是知亦无餘或
也彼不住隨順一偈釋經中栰喻成上不應
取法非不取法此經論俱次先舉後釋彼者
彼於十二部經言教法也不住者彼經教法
不住无名相證法中正釋經中是法應捨明
所詮之理絕於名相言教法故也即有難云
所詮證理絕於言教名相者能詮之教便一
向非為法也偈即答云隨順雖能詮之教非
即是所詮證法非不因於能詮得證法故言
隨順也此二字釋經中非捨法故由教得理
不全捨也於法中證智者釋上句彼不住也

智中音聲言教法不住也如人捨

中栰喻也法中義亦然者合喻也此亦應云

如人取船栰法中義亦然所以偏云捨者以

偈侠故也

此義云何以下至以得證智捨法故釋偈上

句中彼不住第二句於法中證智明能詮教

法非證法故不取教法為證即引栰喻来怙

成也隨順者以下釋偈初句中隨順二字明

言教雖非即所詮法非不隨順於法故取言

教為法不得全捨所以復引取栰喻怙結也

自此以下等論主生下我空法空第二段經

文從初至非有為相得名將出生異疑之處

故牒前第五段經来也若如是以下住生疑

法用正出疑體也廣釋如經中生起无異也

佛告須菩提於意云何如来得三菩提也者

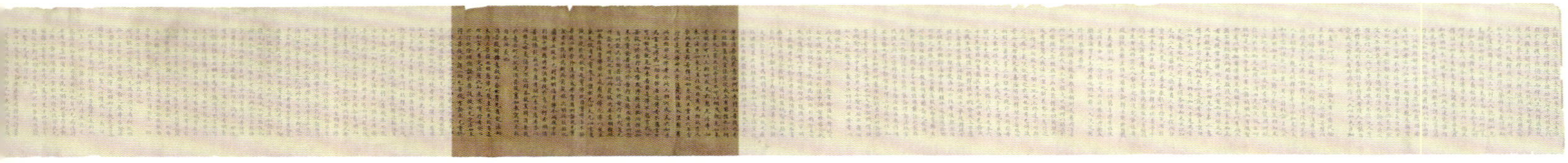

佛告須菩提於意云何如來得三菩提也者
此經猶屬我空法空段成上有能信也以何
次第起上第五段中言不可以相成就見如來
者明不可以三相所成丈六應見法佛如
來以法身如來无生住滅非有為相故有人
乘此更生疑若釋迦如來從王宮生六年苦
行修道成佛卌五年住世說法後入涅槃有
此三相非是佛者今此三相所成丈六如來
為當是佛為一向非佛若是佛者不應言不
可以相成就見如來若非是佛不應言我發
菩提心修苦行道場成佛轉法輪此釋迦如
來為實發菩提心修苦行道場成佛有所證
有所說為不發菩提心不修苦行不成道无
所證无所說也有如此疑故次荅意明釋迦
如來非是佛非不是[illegible]

識不從修成故非是實佛既非實佛亦不發
菩提心修苦行道場成佛實有所證既无實
證亦不說法為斷此前疑故次明此段經也
前第五段中已別相明法身佛今此經中亦
別相中明應佛也須菩提於意云何者明須
菩提懷疑在心即應有問如來亦應有答以
此經文略義隱多不住問答故直問須菩提
於意云何也欲使須菩提稟如來冥加力故
自答此義也
須菩提解佛意故即答世尊无有定法如
來得三菩提也明應佛以衆生感見故有道
理而言无有定法應化如來有實行者發心
修行斷除煩惱證於菩提故云无定法如來
得三菩提非謂一向无菩提可證亦无實修

得三菩提非謂一向无菩提可證亦无實修
行證菩提人也亦无定法如来可説者凡以
有證故有説无證故无説然應佛既不證果
亦不因證而説也何以故者有人聞言應佛
如来不修道證果復不説法更生疑謗謂
向无菩提亦无菩薩修道證果往佛亦令不
説法若无佛无法者何以故釋迦如来云我
三阿僧祇修行滿足證大菩提轉法輪便有
證有説云何而言如来不得三菩提亦不説
法也又若一向无佛无法者云何諸菩薩發
菩提心修諸苦行求於佛果有如此疑問故
言何以故也即荅云如来所説法荅意明如
来實有證説但上言不證説者此明應化佛
實不證不説今言如来所説法者明報佛
[illegible]

所說法也那得以應佛不實說言佛說者何
亦一向不證不說也若報佛說法者法佛爲說
法以不此中應有是疑而此中不答下斷疑分
中當釋法佛有說不說或者聞言實有證說
乘更生疑若報佛如來實有證說者則所證
之法體是名相可取說云何上言真如證法
體无名相言語道斷心行處滅不可取說也
故經答皆不可取不可說也此答意言報佛
說法者依世諦名相道中得言有行者修行
證果爲人說法若據真如理中泯然一相无
有修得亦无證說也不可取不可說者明真
如證法體非名相不爲耳識所得故言不可
取非音聲性難以言辯故言不可說也非法
者明上證法體非名相不可取說故聲教非
證法成上不可取不可說也非非法者若前

證法成上不可取不可說也非非法者若前
證智法非音聲性故不可取說者則能詮經
教條然離於所詮之理若介經教則一向非
法為釋此疑故言非非法也明能詮經教雖
非即證法非不由教得理故不得云全一向
非法亦是法成上來所說法也
何以故一切聖人皆以无為法得名者何故明
此上言非非法者明能詮之教雖非證法
要證因能說藉教得證明知言教是法非是
向非法故引此一切聖人以釋成此義何
以故者此言教何以故是法非是法以是初地
以上一切聖人證真如无為法還說无
為法故知是法非是非法也皆以无為法得
名者謂真如法名无為也明初地菩薩並觀
三種二諦先見得二空文斷余五住習氣无

明顯心意意言名亦見道[illegible]
對治除斷此明由見真如正理能斷煩惱故
曰聖人无為法得名也
論曰以是義故者論主未嘗有釋何得直云
以是義故此即指前經文如來設問須菩提
仰答如來无有定法如來有得有說如前經中
二聖問答相解我亦如是解此經意更不別
釋即指經為解故云以是義故釋迦牟尼佛
非佛亦非說法者也此義云何者此一段經
一行論釋義意云何也故即偈答云應化非
真佛此一偈釋前一段經應化非真佛者正
釋經中无有定法如來得三菩提也明釋迦如
來從感故有八相成道導言佛者是應化佛
非真佛者非是法報二種真佛也亦非說法
者此釋經中无有定法如來可說也上云應

BD00827　金剛仙論卷三

者此釋經中无有定法如来可說也上云應
佛不證菩提此句云應佛既不證菩提亦不
說也說法不二取者說法二字釋經中何以
故如来所說法明報佛如来實證菩提實說
法也不二取者釋經中皆不可取不可說也
云何不取〻二聽者不取所說言教以為證法
亦不取言教以為一向非法而說者亦不取
聲教以為證法不取聲教以為一向非法故
云不取〻二取也无說離言相者釋經中非法非
非法還釋成上不二取非法者云名相言教
非真如證法也明此證法從本際来自性清
淨體絶名相故不應以所詮證法同於聲教
故云无說離言相此還成上非非法明言教
是法非是非法若證法无名相言教非是法
言便應一向絶於言說不復可假教而說耶

證可會有如此難故正應答言[illegible]
以偈俠直云離言相明要假言證得於无言
也此義云何乃至亦非說法者故通釋偈中
上二句於中有二意從初至无有定法如來
可說此出二句所明義意雖並舉三佛來意
欲但取應佛明釋迦如來既是應佛故不實
證三菩提亦不說法即舉經結之也若尒以
下至亦非說法者故聞上釋言如來不得菩
提亦不說法論主使執經中如來所說法等
假興難意即引疑者之難以答其難明遮人
謗故云報佛有證說非論應佛有證說也復引
偈來結明應佛无實說也說法不二取无說
離言相者乃至无我相實有故此提偈中下
二句次第釋之聽者說者皆不二取釋偈中
第三句也何以故者將釋偈中第四句故聞

第三句也何以故者將釋偈中第四句故偈
何以故上聽說二人於所說法中皆不二取
也即釋言彼法非法非非法然此依次第應
釋无說離言相但此句本為釋經中非法非
非法故引此經文釋於何以故問即當解偈
也依何義說者問此所說法言非非法者依
何義說也即答依真如義說言依真如義說
者明如來證真如法還為衆生說彼真如法
而此佛教非法非非法也非法者一切法无
體相故者一切法謂十二部經聲教法也无
體相者此言教法中无所詮證智體相也非
非法者彼真如无我相實有故者明此真如
法體雖雙絕有无名為无我而體備万德妙
有湛然故名為實有而如來依此法故有於
言說也言說還詮真如法故言教是法故云

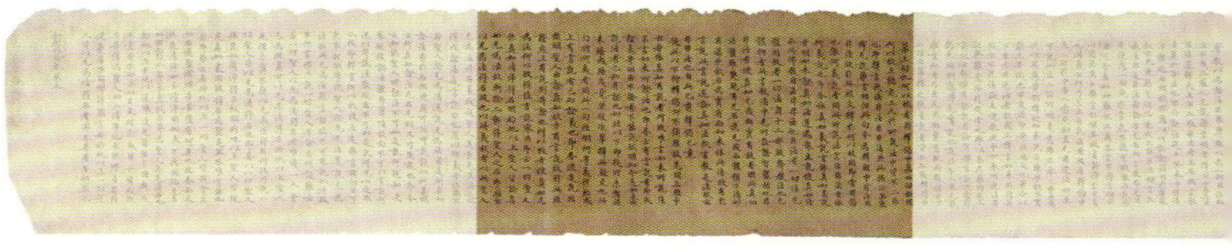

非非法也自此已前釋偈
從此以下将釋偈所不攝經故先問上經中
云若依真如有説者何故唯言如來所説法
不言如來所證法也即荅云有言説者即成
證義等明若不證者不能説故明知今道如來所
説法者已知有證也如經以下即提所未釋經
来結成結成竟然後次第釋此經文也此
句明何義者問此一句經明何等義得結成
上有言説者已知證義也即荅彼是説曰
故明聖人由證真如故方有言説故引此經
證成上有説則有證也何以故者彼真如无
爲法何以故得住言説家曰即云一切聖人
依真如清淨得名明初地以上聖人皆證真
如无爲法故斷除二鄣得聖人之名即結云
以无爲法得名故也以此義故者以此聖人

如无爲法故斷除二鄣得聖人之名即結云
以无爲法得名故也以此義故者以此聖人
无爲法得名義故彼聖人還說无爲法是故
得成證法是言說因也復以何義者住難云
若聖人證无爲法還說无爲法者是則真如
證法有於名相便應可取可說須以何義故
云何真如證法无名无相不可取說也即答
云如彼聖人所證法不可如是說何況如是
取明彼證法體非聲性故尚不可以言說何
況以耳識注取故云不可如是說何況如是取
也故即釋言何以故彼法遠離言語相非可
說事故明雖彼聖人證无爲法還說无爲
法而此无爲法離言語故不可取說也何故
不但言佛乃說一切聖人者論主假設難云
若一切聖人以无爲法得名者唯佛一人會

无為理盡可以无為法得名初地以上聖人
見理未窮不應以无為法得名何故乃説一
切聖人皆以无為法得名也即荅以一切聖人
依真如清淨得名故明初地以上聖人皆現
見真如處同故得名為聖是故不唯言佛也
乘即難云若初地以上一切聖人皆現會真
如名為聖者佛与菩薩有何異也故荅如是
具足清淨如分清淨明如來万德圓滿見真
如理窮二鄣永盡故名佛為聖人具足清淨也
初地以上十地以還雖復見勝理未圓斷惑
不盡非不如分如力見理除惑勝分解成故
名菩薩為聖人如分清淨也若然佛与菩薩
便憂劣不同那得難言若初地以上一切聖
人皆以无為法得名者佛与菩薩有何異也

人皆以无爲法得名者佛与菩薩有何異也

金剛仙論卷第三

金剛仙論卷第三

BD00827v　金剛仙論卷三外題

BD00828

金光明最勝王經卷一

（唐）義净 譯

187.3cm × 27.5cm

諸佛現有身骨流布於世人天供養得福無
邊今復言無致生疑惑唯願世尊哀愍我
等廣爲分別
尒時佛告妙幢菩薩及諸大衆汝等當知云
般涅槃有舍利者是密意說如是之義當一

竟大般涅槃云何爲十一者諸佛如来究
竟斷盡諸煩惱所知障故名爲涅槃二者諸佛
如来善能解了有情無性及法無性故名爲
涅槃三者能轉身依及法依故名爲涅槃四
者於諸有情任運休息化因緣故名爲涅槃
五者證得真實無差別相平等法身故名爲
涅槃六者了知生死及以涅槃無二性故名爲
涅槃七者於一切法了其根本證清淨故
名爲涅槃八者於一切法無生無滅善修行
故名爲涅槃九者真如法界實際平等得正
智故名爲涅槃十者於諸法性及涅槃性得
無差別故名爲涅槃是謂十法說有涅槃
復次善男子菩薩摩訶薩如是應知復有十
法能解如来應正等覺真實理趣說有究

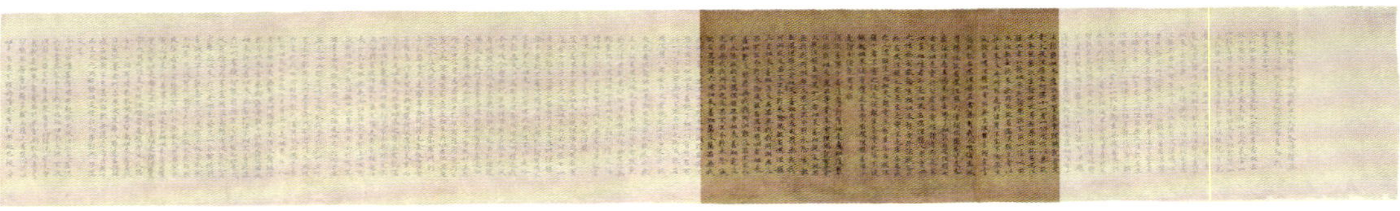

法能解如来應正等覺真實理趣説有究
竟大般涅槃云何爲十一者一切煩惱以樂欲
爲本從樂欲生諸佛世尊斷樂欲故名爲涅
槃二者以諸如来斷諸樂欲不取一法以不
取故無去無来無所取故名爲涅槃三者以
無去来及無所取是則法身不生不滅無生
滅故名爲涅槃四者此無生滅非言所宣言
語斷故名爲涅槃五者無有我人唯法生滅
得轉依故名爲涅槃六者煩惱隨惑皆是客
塵法性是主無来無去佛了知故名爲涅槃七
者真如是實餘皆虚妄實性體者即是真
如真如性者即是如来名爲涅槃八者實際
之性無有戲論唯獨如来證實際法戲論永
斷名爲涅槃九者無生是實生是虚妄愚癡
[illegible]

緣起如來法身體是真實名爲涅槃善男子
是謂十法說有涅槃
復次善男子菩薩摩訶薩如是應知復有十
法能解如來應正等覺真實理趣說有究竟
大般涅槃云何爲十一者如來善知施及施果
無我我所此施及果不正分別永除滅故
名爲涅槃二者如來善知戒及戒果無我我
所此戒及果不正分別永除滅故名爲涅槃
三者如來善知忍及忍果無我我所此忍及
果不正分別永除滅故名爲涅槃四者如來
善知勤及勤果無我我所此勤及果不正分
別永除滅故名爲涅槃五者如來善知定及
定果無我我所此定及果不正分別永除滅
故名爲涅槃六者如來善知慧及慧果無我

故名爲涅槃六者如來善知慧及慧果無我
我所此慧及果不正分别永除滅故名爲涅
槃七者諸佛如來善能了知一切有情非有
情一切諸法皆無性不正分别永除滅故名
爲涅槃八者若自受著便起追求由追求故
受衆苦惱諸佛如來除自愛故永絶追求無
追求故名爲涅槃九者有爲之法皆有數量
無爲法者數量皆除佛離有爲證無爲法無
數量故名爲涅槃十者如來了知有情及法
體性皆空離空非有空性即是真法身故名
爲涅槃善男子是謂十法說有涅槃
復次善男子豈唯如來不般涅槃是爲希有
復有十種希有之法是如來行云何爲十一
者生死過失涅槃寂靜由於生死及以涅槃

說耳善哉不慮流轉不住涅槃於諸有情不
生猒背是如來行二者佛於衆生不作是念
此諸愚夫行顛倒見為諸煩惱之所纏迫我
今開悟令得解脫然由往昔慈善根力於彼
有情隨其根性意樂勝解不起分別任運
濟度示教利喜盡未來際無有窮盡是如
來行三者佛無是念我今演說十二分教利益有
情然由往昔慈善根力於彼有情廣說乃至
盡未來際無有窮盡是如來行四者佛無是
念我今往彼城邑聚落王及大臣婆羅門剎
帝利薜舍戍達羅等舍從其乞食然由往昔
身語意行串習力故任運詣彼為利益事而
行乞食是如來行五者如來之身無有飢渴
亦無便利羸憊之相雖行乞食而無所食亦
無分別然為任運利益有情是有食相是如

無分別然爲任運利益有情是有食相是如
來行六者佛無是念此諸衆生有上中下隨
彼根性而爲説法然佛世尊無有分別隨其
器量善應機緣爲彼説法是如來行七者佛
無是念此類有情不恭敬我常於我所出呵
罵言不能與彼共爲言論彼類有情恭敬於
我常於我所共相讚歎我當與彼共爲言説
然而如來起慈悲心平等無二是如來行八
者諸佛如來無有愛憎憍慢貪惜及諸煩惱
然而如來常樂寂静讚歎少欲離諸諠閙是
如來行九者如來無有一法不知不善通達
於一切處鏡智現前無有分別然而如來見
彼有情所作事業隨彼意轉方便誘引令得

而如來見彼有情修習正行無礙大慈自然
救攝若見有情修習邪行無礙大悲自然救
攝是如來行善男子如是當知如來應正等
覺說有如是無邊正行汝等當知是謂涅槃真
實之相或時見有般涅槃者是權方便及留
舍利令諸有情恭敬供養皆是如來慈善根
力若供養者於未來世遠離八難逢事諸佛
遇善知識不失善心福報無邊速當出離不
為生死之所纏縛如是妙行汝等勤修勿為
放逸
尒時妙幢菩薩聞佛親說不般涅槃及甚深
行合掌恭敬白言我今始知如來大師不般
涅槃及留舍利普益衆生身心踊悅歎未曾
有說是如來壽量品時無量無數無邊衆生

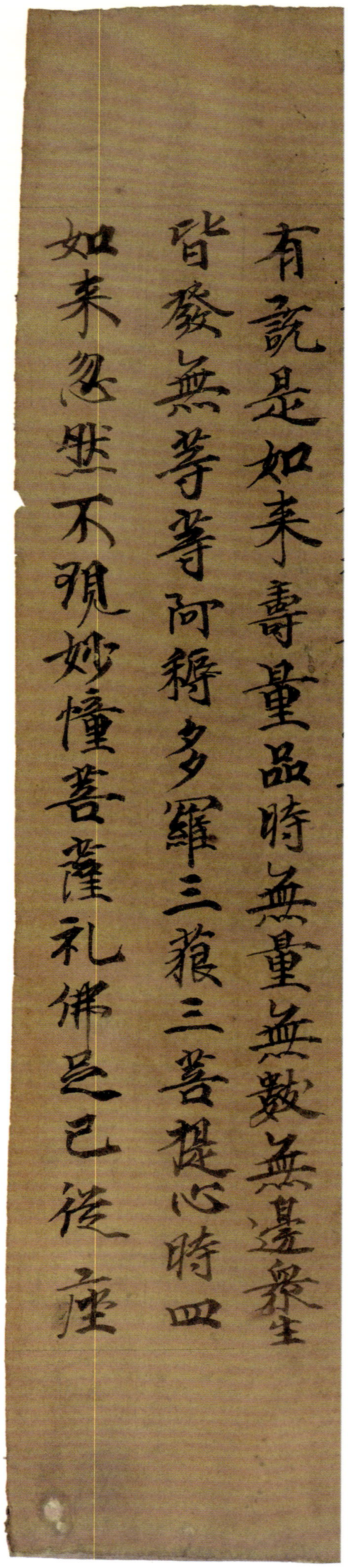

有說是如來壽量品時無量無數無邊衆生
皆發無等等阿耨多羅三藐三菩提心時四
如來忽然不現妙幢菩薩礼佛足已從座

BD00829 妙法蓮華經卷一

（後秦）鳩摩羅什 譯

166.4cm × 27.3cm

无上兩足尊　願說第一法　我為佛長子　唯垂分別說
是會无量衆　能敬信此法　佛已曾世世　教化如是等
皆一心合掌　欲聽受佛語　我等千二百　及餘求佛者
願為此衆故　唯垂分別說　是等聞此法　則生大歡喜
尒時世尊告舍利弗汝已慇懃三請豈得不
說汝今諦聽善思念之吾當為汝分別解說
說此語時會中有比丘比丘尼優婆塞優婆
夷五千人等即從座起礼佛而退所以者何
此輩罪根深重及增上慢未得謂得未證謂
證有如此失是以不住世尊嘿然而不制止
尒時佛告舍利弗我今此衆无復枝葉純有
貞實舍利弗如是增上慢人退亦佳矣汝今
善聽當為汝說舍利弗言唯然世尊願樂欲

聞佛告舍利弗如是妙法諸佛如来時乃說
之如優曇鉢華時一現耳舍利弗汝等當信
佛之所說言不虛妄舍利弗諸佛隨宜說法
意趣難解所以者何我以无數方便種種因
緣譬喻言辭演說諸法是法非思量分別之
所能解唯有諸佛乃能知之所以者何諸佛
世尊唯以一大事因緣故出現於世舍利弗
云何名諸佛世尊唯以一大事因緣故出現
於世諸佛世尊欲令衆生開佛知見使得清
淨故出現於世欲示衆生佛知見故出現於
世欲令衆生悟佛知見故出現於世欲令衆
生入佛知見道故出現於世舍利弗是為諸
佛以一大事因緣故出現於世佛告舍利弗
諸佛如来但教化菩薩諸有所作常為一事
唯以佛之知見示悟衆生舍利弗如来但以

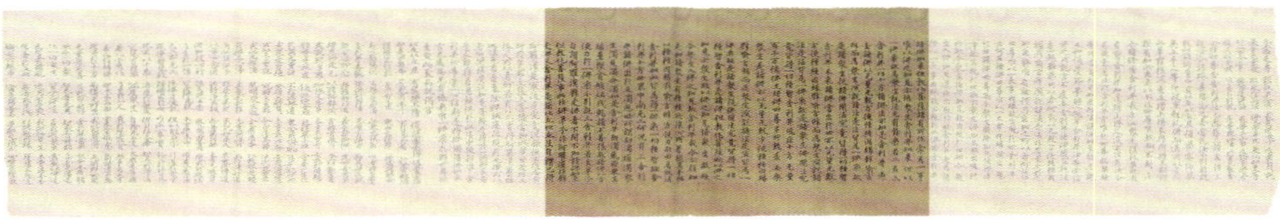

諸佛如来但教化菩薩諸有所作常為一事
唯以佛之知見示悟衆生舍利弗如来但以
一佛乘故為衆生說法无有餘乘若二若三
舍利弗一切十方諸佛法亦如是舍利弗過
去諸佛以无量无數方便種種因緣譬喻言
辞而為衆生演說諸法是法皆為一佛乘故
是諸衆生從諸佛聞法究竟皆得一切種智
舍利弗未来諸佛當出於世亦以无量无數
方便種種因緣譬喻言辞而為衆生演說諸
法是法皆為一佛乘故是諸衆生從佛聞法究
竟皆得一切種智舍利弗現在十方无量
百千万億佛土諸佛世尊多所饒益安樂
衆生是諸佛亦以无量无數方便種種因緣
辞而為衆生演說諸法是法皆為一

佛乘故是諸衆生從佛聞法究竟皆得一切
種智舍利弗是諸佛但教化菩薩欲以佛之
知見示衆生故以佛之知見悟衆生故欲
令衆生入佛之知見故舍利弗我今亦復如
是知諸衆生有種種欲深心所著隨其本性
以種種因緣辟喻言辞方便力故而為說法
舍利弗如此皆為得一佛乘一切種智故舍
利弗十方世界中尚无二何況有三舍利
弗諸佛出於五濁惡世所謂劫濁煩濁衆
生濁見濁命濁如是舍利弗劫濁亂時衆生
垢重慳貪嫉妬成就諸不善根故諸佛以方
便力於一佛乘分別說三舍利弗若我弟子
自謂阿羅漢辟支佛者不聞不知諸佛如來
但教化菩薩事此非佛弟子非阿羅漢非辟
支佛又舍利弗是諸比丘比丘尼自謂已得

又舍利弗是諸比丘比丘尼自謂已得
阿羅漢是最後身究竟涅槃便不復志求
阿耨多羅三藐三菩提當知此輩皆是增上
慢人所以者何若有比丘實得阿羅漢若不信
此法无有是處除佛滅度後現前无佛所以
者何佛滅度後如是等經受持讀誦解義者
是人難得若遇餘佛於此法中便得決了舍
利弗汝等當一心信解受持佛語諸佛如来
言无虛妄无有餘乘唯一佛乘尒時世尊欲
重宣此義而說偈言
比丘比丘尼　有懷增上慢　優婆塞我慢　優婆夷不信
如是四衆等　其數有五千　不自見其過　於戒有缺漏
護惜其瑕疵　是小智已出　衆中之糟糠　佛威德故去
斯人尠福德　不堪受是法　此衆无枝葉　唯有諸貞實

舍利弗善聽　諸佛所得法　无量方便力　而為衆生說
衆生心所念　種種所行道　若干諸欲性　先世善惡業
佛悉知是已　以諸緣譬喻　言辭方便力　令一切歡喜
或說脩多羅　伽陁及本事　本生未曾有　亦說於因緣
譬喻并祇夜　優波提舍經　鈍根樂小法　貪著於生死
於諸无量佛　不行深妙道　衆苦所惱亂　為是說涅槃
我設是方便　令得入佛慧　未曾說汝等　當得成佛道
所以未曾說　說時未至故　今正是其時　決定說大乘
我此九部法　隨順衆生說　入大乘為本　以故說是經
有佛子心淨　柔軟亦利根　无量諸佛所　而行深妙道
為此諸佛子　說是大乘經　我記如是人　來世成佛道
以深心念佛　脩持淨戒故　此等聞得佛　大喜充遍身
佛知彼心行　故為說大乘　聲聞若菩薩　聞我所說法
乃至於一偈　皆成佛无疑　十方佛土中　唯有一乘法
无二亦无三　除佛方便說　但以假名字　引導於衆生

乃至於一偈　皆成佛无疑　十方佛土中　唯有一乘法
无二亦无三　除佛方便說　但以假名字　引導於衆生
說佛智慧故　諸佛出於世　唯此一事實　餘二則非真
終不以小乘　濟度於衆生　佛自住大乘　如其所得法
定慧力莊嚴　以此度衆生　自證无上道　大乘平等法
若以小乘化　乃至於一人　我則墮慳貪　此事為不可
若人信歸佛　如來不欺誑　亦无貪嫉意　斷諸法中惡
故佛於十方　而獨无所畏　我以相嚴身　光明照世間
无量衆所尊　為說實相印　舍利弗當知　我本立誓願
欲令一切衆　如我等无異　如我昔所願　今者已滿足
化一切衆生　皆令入佛道　若我遇衆生　盡教以佛道
无智者錯亂　迷惑不受教　我知此衆生　未曾脩善本
堅著於五欲　癡愛故生惱　以諸欲因緣　墜墮三惡道
輪迴六趣中　備受諸苦毒　受胎之微形　世世常增長

BD00830 大般若波羅蜜多經卷五八七

（唐）玄奘 譯

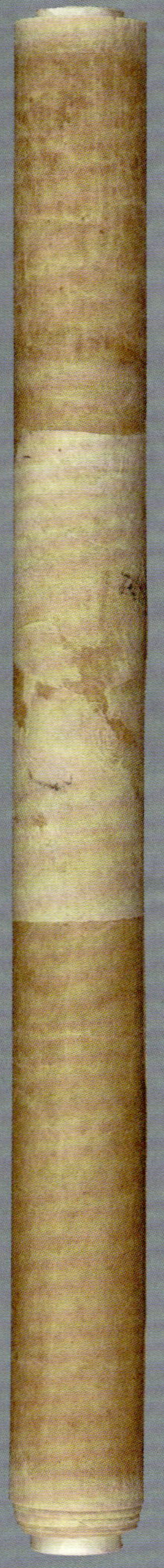

94.2cm × 25.1cm

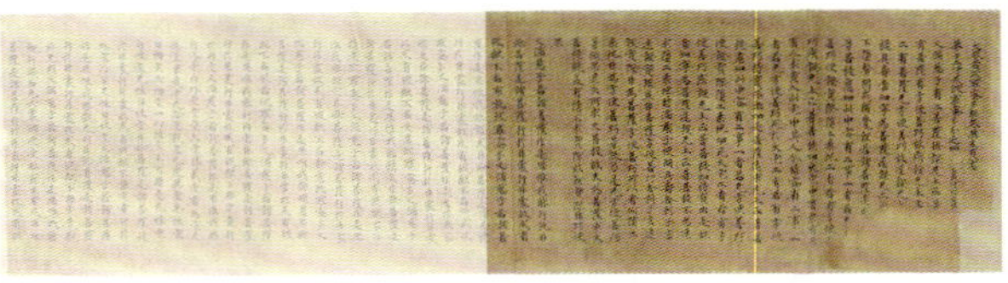

大般若波羅蜜多經卷第五百八十七

第十二淨戒波羅蜜多分之四　三藏法師玄奘

又滿慈子有二菩薩俱證无上正等
有菩薩有方便善巧故疾證无上正
二有菩薩无方便善巧故遲證无上
提具壽當知寧爲菩薩遲證无上正
不墮聲聞或獨覺證若諸菩薩速求
等菩提應知此中容有二事一者若无方
善巧便證實際墮二乘地二者若有方便
巧疾證无上正等菩提如火宅中有衆寶聚
有人求寶入此宅中其人尒時容有二事一
者若无方便善巧死於火宅二者若有方便

便證實際墮二乘地如死大宅二者若有方
便善巧疾證无上正等菩提如持寶出是故
當知寧為菩薩遲證无上正等菩提不為速
求墮二乘地時滿慈子便問具壽舍利子言
速證實際豈非菩薩方便善巧舍利子言速
證實際非為菩薩方便善巧所以者何墮二
乘地非為方便善巧等流乃是无方便善巧
等流果退失所求大菩提故夫為菩薩求大
菩提饒益有情不求實際故證實際非巧便
果
又滿慈子若諸菩薩作是思惟我能行施非
餘菩薩是諸菩薩行於非處行非處故貳有
毀犯不名布施波羅蜜多又滿慈子若諸菩

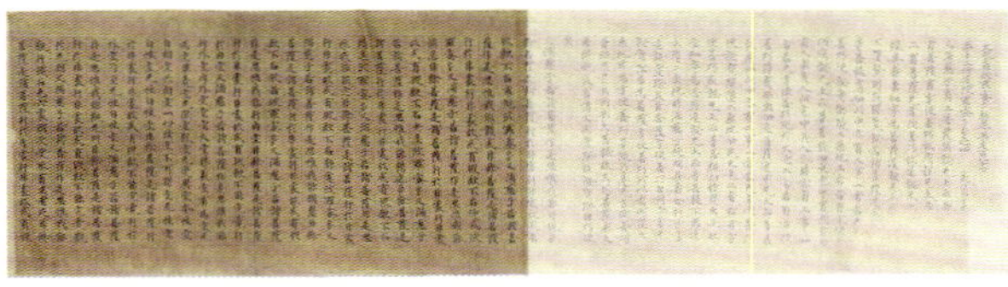

餘菩薩是諸菩薩行於非處行非處故戒有
毀猒不名布施波羅蜜多又滿慈子若諸菩
薩作是思惟我能護戒非餘菩薩是諸菩薩
行於非處行非處故戒有毀猒不名淨戒波
羅蜜多又滿慈子若諸菩薩作是思惟我能
脩忍非餘菩薩是諸菩薩行於非處行非處
故戒有毀猒不名安忍波羅蜜多又滿慈子
若諸菩薩作是思惟我能精進非餘菩薩是
諸菩薩行於非處行非處故戒有毀猒不名
精進波羅蜜多又滿慈子若諸菩薩作是思
惟我能脩定非餘菩薩是諸菩薩行於非處
行非處故戒有毀猒不名靜慮波羅蜜多又
滿慈子若諸菩薩作是思惟我能脩慧非餘
菩薩是諸菩薩行於非處行非處故戒有毀
猒不名般若波羅蜜多又滿慈子若諸菩薩

作是思惟我能觀内空非餘菩薩是諸菩薩
行於非處行非處故我有毀缺不能究竟行
於内空又滿慈子若諸菩薩作是思惟我能
行外空内外空空空大空勝義空有為空无
為空畢竟空无際空散空无變異空本性空
自相空共相空一切法空不可得空无性空
自性空无性自性空非餘菩薩是諸菩薩行
於非處行非處故我有毀缺不能究竟行於
外空乃至无性自性空又滿慈子若諸菩薩
作是思惟我能觀无明非餘菩薩是諸菩薩
行於非處行非處故我有毀缺不能究竟觀
於无明又滿慈子若諸菩薩作是思惟我能
觀行識名色六處觸受愛取有生老死非餘
菩薩是諸菩薩行於非處行非處故我有毀

BD00830　大般若波羅蜜多經卷五八七

BD00831-1 無量壽宗要經（甲本）

BD00831-2 無量壽宗要經（甲本）

BD00831-3 無量壽宗要經（甲本）

BD00831v-1 金光明最勝王經卷三

（唐）義净 譯

BD00831v-2 雜寫

511.5cm × 31cm

大乘无量壽經

如是我聞一時薄伽梵在舍衛國祇樹給孤獨園與大苾蒭僧千二百五十人大菩
薩摩訶薩衆俱同會坐尒時世尊告曼殊室利童子曼殊上方有世界名无
量功德聚彼土有佛号无量智决定王如來阿羅訶三藐三菩提現為衆生
開示說法曼殊諦聽南閻浮提人皆短壽大限百年於中殀枉横死者衆曼殊
如是无量壽如來功德名稱法要若有衆生得聞名号若自書或使人書能為經
卷受持讀誦若於舍宅所住之處以種種花鬘瓔珞塗香末香而為供養如其
命盡復得延年滿足百歲如是曼殊若有衆生得聞是无量壽智决定王如來一百八名号
者益其長壽若有衆生大命將盡憶念是如來名号更得增壽如是曼殊若有善
男子善女人欲求長壽於是无量壽如來一百八名号有得聞者或自書若使人書受
持讀誦得如是等果報福德具足陁羅尼曰　南謨薄伽勃底一　阿波唎蜜哆二　阿俞
紇硯娜三　須毗你悉指陁四　囉佐耶五　怛他羯他耶六　怛姪他唵七　薩婆桑悉迦囉八　波唎輸底
達磨底十　伽迦娜十一　莎訶其特迦底十二　薩婆婆毗輸底十三　摩訶娜耶十四　波唎婆囉莎訶
世尊復告曼殊室利如是如來一百八名号若有自書或使人書為經卷受持讀誦如壽

命盡復滿百年壽終此身得復往生无量福智世界量壽淨土陁羅尼曰　南謨薄伽勑底一阿
波唎蜜哆二阿喻紇硯娜三須毗你悉指陁四囉佐耶五怛他羯他耶六怛姪他唵七薩婆桑悉迦囉八波
唎輸㥁九達磨㥁十伽迦娜十一莎訶其特迦㥁十二薩婆婆毗輸㥁十三摩訶娜耶十四波唎婆囉莎訶
介時有九十九姟佛等一時同聲說是无量壽宗要經陁羅尼曰　南謨薄伽勑底一阿波
唎蜜哆二阿喻紇硯娜三須毗你悉指陁四囉佐耶五怛他羯他耶六怛姪他唵七薩婆桑悉迦囉八波唎
輸㥁九達磨㥁十伽迦娜十一莎訶其特迦㥁十二薩婆婆毗輸㥁十三摩訶娜耶十四波唎婆囉莎訶十五
介時復有一百四姟佛一時同聲說是无量壽宗要經陁羅尼曰　南謨薄伽勑底一阿波
唎蜜哆二阿喻紇硯娜三須毗你悉指陁四囉佐耶五怛他羯他耶六怛姪他唵七薩婆桑悉迦囉八波唎
輸㥁九達磨㥁十伽迦娜十一莎訶其特迦㥁十二薩婆婆毗輸㥁十三摩訶娜耶十四波唎婆囉莎訶十五
介時復有七姟佛一時同聲說是无量壽宗要經陁羅尼曰　南謨薄伽勑底一阿波唎蜜
哆二阿喻紇硯娜三須毗你悉指陁四囉佐耶五怛他羯他耶六怛姪他唵七薩婆桑悉迦囉八波唎輸
㥁九達磨㥁十伽迦娜十一莎訶其特迦㥁十二薩婆婆毗輸㥁十三摩訶娜耶十四波唎婆囉莎訶
介時復有六十五姟佛一時同聲說是无量壽宗要經陁羅尼曰　南謨薄伽勑底一阿
波唎蜜哆二阿喻紇硯娜三須毗你悉指陁四囉佐耶五怛他羯他耶六怛姪他唵七薩婆桑悉迦囉
波唎輸㥁九達磨㥁十伽迦娜十一莎訶其特迦㥁十二薩婆婆毗輸㥁十三摩訶娜耶十四波唎婆囉莎訶
介時復有五十五姟佛一時同聲說是无量壽宗要經陁羅尼曰　南謨薄伽勑底一阿波唎

尒時復有五十五姟佛一時同聲說是无量壽宗要經陁羅尼曰　南謨薄伽勃底一　阿波唎
蜜哆二　阿喻紇硯娜三　須毗你悉指陁四　囉佐耶五　怛他羯他耶六　怛姪他唵七　薩婆桑悉迦囉八　波唎輸
底九　達磨底十　伽迦娜十一　莎訶其特迦底十二　薩婆婆毗輸底十三　摩訶娜耶十四　波唎婆囉莎訶十五
尒時復有四十五姟佛一時同聲說是无量壽宗要經陁羅尼曰　南謨薄伽勃底一　阿波唎蜜
哆二　阿喻紇硯娜三　須毗你悉指陁四　囉佐耶五　怛他羯他耶六　怛姪他唵七　薩婆桑悉迦囉八　波唎
輸底九　達磨底十　伽迦娜十一　莎訶其特迦底十二　薩婆婆毗輸底十三　摩訶娜耶十四　波唎婆囉莎訶十五
尒時復有三十六姟佛一時同聲說是无量壽宗要經陁羅尼曰　南謨薄伽勃底一　阿波唎蜜哆
阿喻紇硯娜三　須毗你悉指陁四　囉佐耶五　怛他羯他耶六　怛姪他唵七　薩婆桑悉迦囉八　波唎輸底
達磨底十　伽迦娜十一　莎訶其特迦底十二　薩婆婆毗輸底十三　摩訶娜耶十四　波唎婆囉莎訶十五
尒時復有二十五姟佛一時同聲說是无量壽宗要經陁羅尼曰　南謨薄伽勃底一　阿波唎蜜
哆二　阿喻紇硯娜三　須毗你悉指陁四　囉佐耶五　怛他羯他耶六　怛姪他唵七　薩婆桑悉迦囉八　波唎輸底
達磨底十　伽迦娜十一　莎訶其特迦底十二　薩婆婆毗輸底十三　摩訶娜耶十四　波唎婆囉莎訶十五
尒時復有恒河沙姟佛一時同聲說是无量壽宗要經陁羅尼曰　南謨薄伽勃底一　阿波
唎蜜哆二　阿喻紇硯娜三　須毗你悉指陁四　囉佐耶五　怛他羯他耶六　怛姪他唵七　薩婆桑悉迦囉八　波唎
輸底九　達磨底十　伽迦娜十一　莎訶其特迦底十二　薩婆婆毗輸底十三　摩訶娜耶十四　波唎婆囉莎訶十五

善男子若有自書寫教人書寫是无量壽宗要經如其命盡復得長壽而滿百年陁羅尼曰
南謨薄伽勃底一阿波唎蜜哆二阿喻紇硯娜三須毗你悉指陁四囉佐耶五怛他羯他耶六怛姪他唵七薩婆桒悉迦
囉八波唎輸底九達磨底十伽迦娜十一莎訶其特迦底十二薩婆婆毗輸底十三摩訶娜耶十四波唎婆嚟莎訶十五
若有自書寫教人書寫是无量壽宗要經讀誦受持畢竟不墮地獄在在所生得宿命智陁羅尼曰
南謨薄伽勃底一阿波唎蜜哆二阿喻紇硯娜三須毗你悉指陁四囉佐耶五怛他羯他耶六怛姪他唵七薩婆桒悉迦囉
八波唎輸底九達磨底十伽迦娜十一莎訶其特迦底十二薩婆婆毗輸底十三摩訶娜耶十四波唎婆嚟莎訶十五
若有自書教人書寫是无量壽宗要經受持讀誦如同書寫八万四千一切經典陁羅尼曰南謨薄伽勃
底一阿波唎蜜哆二阿喻紇硯娜三須毗你悉指陁四囉佐耶五怛他羯他耶六怛姪他唵七薩婆桒悉迦囉波唎
輸底九達磨底十伽迦娜十一莎訶其特迦底十二薩婆婆毗輸底十三摩訶娜耶十四波唎婆嚟莎訶十五
若有自書寫教人書寫是无量壽宗要經受持讀誦即是書寫八万四千部建立塔廟陁羅尼曰
南謨薄伽勃底一阿波唎蜜哆二阿喻紇硯娜三須毗你悉指陁四囉佐耶五怛他羯他耶六怛姪他唵七薩婆桒悉
迦囉八波唎輸底九達磨底十伽迦娜十一莎訶其特迦底十二薩婆婆毗輸底十三摩訶娜耶十四波唎婆嚟莎訶
若有自書寫教人書寫是无量壽宗要經能消五无間等一切重罪陁羅尼曰南謨薄伽勃底
一阿波唎蜜哆二阿喻紇硯娜三須毗你悉指陁四囉佐耶五怛他羯他耶六怛姪他唵七薩婆桒悉迦囉八波唎
輸底九達磨底十伽迦娜十一莎訶其特迦底十二薩婆婆毗輸底十三摩訶娜耶十四波唎婆嚟莎訶十五
若有自書寫教人書寫是无量壽宗要經受持讀誦設有重罪猶如須弥盡能除滅陁羅尼曰

若有自書寫教人書寫是无量壽宗要經受持讀誦設有重罪猶如須彌盡能除滅陀羅尼曰
南謨薄伽勃底一阿波唎蜜多二阿喻紇硯娜三須毗你悉指陀四囉佐耶五怛他羯他耶六怛姪他唵七薩婆桒
悉迦囉八波唎輸底九達磨底十伽迦娜十一莎訶其特迦底十二薩婆婆毗輸底十三摩訶娜耶十四波唎婆嚩莎訶
若有自書寫教人書寫是无量壽宗要經受持讀誦若魔〻之眷屬夜叉羅剎不得其便終
无枉死陀羅尼曰 南謨薄伽勃底一阿波唎蜜多二阿喻紇硯娜三須毗你悉指陀四囉佐耶五怛他羯
他耶六怛姪他唵七薩婆桒悉迦囉八波唎輸底九達磨底十伽迦娜十一莎訶其特迦底十二薩婆〻毗輸底
摩訶娜耶十四波唎婆嚩莎訶十五若有自書寫教人書寫是无量壽宗要經受持讀誦當命
終時有九十九姟佛現其人前豪千佛授手能遊一切佛剎莫於此經生於疑惑陀羅尼曰
南謨薄伽勃底一阿波唎蜜多二阿喻紇硯娜三須毗你悉指陀四囉佐耶五怛他羯他耶六怛姪他唵七薩婆桒悉迦
囉八波唎輸底九達磨底十伽迦娜十一莎訶其特迦底十二薩婆婆毗輸底十三摩訶娜耶十四波唎婆嚩莎訶
若有自書寫教人書寫是无量壽宗要經受持讀誦常得四天大王隨其衛護陀羅尼曰
南謨薄伽勃底一阿波唎蜜多二阿喻紇硯娜三須毗你悉指陀四囉佐耶五怛他羯他耶六怛姪他唵七薩婆桒悉迦囉
波唎輸底九達磨底十伽迦娜十一莎訶其特迦底十二薩婆婆毗輸底十三摩訶娜耶十四波唎婆嚩莎訶十五
若有自書寫教人書寫是无量壽宗要經受持讀誦當得往生西方極樂世界阿弥陁淨土陁羅尼
南謨薄伽勃底一阿波唎蜜多二阿喻紇硯娜三須毗你悉指陀四囉佐耶五怛他羯他耶六怛姪他唵七薩婆桒悉迦
囉波唎輸底九達磨底十伽迦娜十一莎訶其特迦底十二薩婆婆毗輸底十三摩訶娜耶十四波唎婆嚩莎訶十五

若有方所自書寫使人書寫是无量壽經典之處則為是塔皆應恭敬作礼若是畜生或為鳥
獸得聞是經如是等類皆當不久得成一切種智陁羅尼曰　南謨薄伽勃底一阿波唎
蜜哆二阿喻紇硯娜三須毗你悉指陁四囉佐耶五怛他羯他耶六怛姪他唵七薩婆桑悉迦囉八波唎輸
底九達磨底十伽迦娜十一莎訶其特迦底十二薩婆婆毗輸底十三摩訶娜耶十四波唎婆嚩莎訶十五
若有於是无量壽經自書寫使人書畢竟不受女人之身陁羅尼曰　南謨薄伽勃底一阿波
唎蜜哆二阿喻紇硯娜三須毗你悉指陁四囉佐耶五怛他羯他耶六怛姪他唵七薩婆桑悉迦囉八波唎輸
底九達磨底十伽迦娜十一莎訶其特迦底十二薩婆婆毗輸底十三摩訶娜耶十四波唎婆嚩莎訶十五
若有能於是經少分能惠施者等於三千大千世界滿中七寶布施陁羅尼曰　南謨薄伽勃底一阿波
唎蜜哆二阿喻紇硯娜三須毗你悉指陁四囉佐耶五怛他羯他耶六怛姪他唵七薩婆桑悉迦囉八波唎輸
底九達磨底十伽迦娜十一莎訶其特迦底十二薩婆婆毗輸底十三摩訶娜耶十四波唎婆嚩莎訶十五
若有能供養是經者則是供養一切諸經等无有異陁羅尼曰　南謨薄伽勃底一阿波唎蜜
哆二阿喻紇硯娜三須毗你悉指陁四囉佐耶五怛他羯他耶六怛姪他唵七薩婆桑悉迦囉八波唎輸底九
如是毗婆尸佛　尸棄佛　毗舍浮佛　俱留孫佛　俱那含牟尼佛　迦葉佛　釋迦牟尼佛　若有人
以七寶供養如是七佛其福有限書寫受持是无量壽經典所有功德不可限量陁羅尼曰　南謨薄
伽勃底一阿波唎蜜哆二阿喻紇硯娜三須毗你悉指陁四囉佐耶五怛他羯他耶六怛姪他唵七薩婆桑悉迦囉

伽勑底一 阿波唎蜜哆二 阿喻紇硯娜三 須毗你悉指陁四 囉佐耶五 怛他羯他耶六 怛侄他唵七 薩婆桑悉迦囉
波唎輸底九 達磨底十 伽迦娜十一 莎訶其特迦底十二 薩婆婆毗輸底十三 摩訶娜耶十四 波唎婆囉莎訶
若有七寶等於須弥山用布施其福上能知其限量是无量壽經典其福不可知數陁羅尼曰
南謨薄伽勃底一 阿波唎蜜哆二 阿喻紇硯娜三 須毗你悉指陁四 囉佐耶五 怛他羯他耶六 怛侄他唵七 薩婆桑悉迦囉
波唎輸底九 達磨底十 伽迦娜十一 莎訶其特迦底十二 薩婆婆毗輸底十三 摩訶娜耶十四 波唎婆囉莎訶十五
如是四大海水可知滴數是无量壽經典所生果報不可數量陁羅尼曰 南謨薄伽勃底一 阿波唎
蜜哆二 阿喻紇硯娜三 須毗你悉指陁四 囉佐耶五 怛他羯他耶六 怛侄他唵七 薩婆桑悉迦囉八 波唎輸底
達磨底十 伽迦娜十一 莎訶其特迦底十二 薩婆婆毗輸底十三 摩訶娜耶十四 波唎婆囉莎訶十五
若有自書寫使人書寫是无量壽經典又能護持供養即如恭敬一切十方佛如來无有異別陁
羅尼曰 南謨薄伽勃底一 阿波唎蜜哆二 阿喻紇硯娜三 須毗你悉指陁四 囉佐耶五 怛他羯他耶六 怛侄他
唵七 薩婆桑悉迦囉八 波唎輸底九 達磨底十 伽迦娜十一 莎訶其特迦底十二 薩婆婆毗輸底十三 摩訶娜耶
波唎婆囉莎訶十五

布施力能成正覺 悟布施力人師子 布施力能聲普聞 慈悲階漸最能入
持戒力能成正覺 悟持戒力人師子 持戒力能聲普聞 慈悲階漸最能入
忍辱力能成正覺 悟忍辱力人師子 忍辱力能聲普聞 慈悲階漸最能入
精進力能成正覺 悟精進力人師子 精進力能聲普聞 慈悲階漸最能入

精進力能成正覺　悟精進力人師子　精進力能聲普聞　慈悲階漸最能入
禪定力能成正覺　悟禪定力人師子　禪定力能聲普聞　慈悲階漸最能入
智慧力能成正覺　悟智慧力人師子　智慧力能聲普聞　慈悲階漸最能入
尒時如來說是經已一切世間天人阿脩羅揵闥婆等聞佛所說皆大歡喜信
受奉行

佛說无量壽宗要經

呂兴

大乘无量壽經

如是我聞一時薄伽梵在舍衛國祇樹給孤獨園與大苾芻僧千二百五十人大菩
薩摩訶薩衆俱同會坐尒時世尊告曼殊室利童子曼殊上方有世界名无
量功德聚彼土有佛号无量智決定王如來阿耨多羅三藐三菩提現為衆生

量功德聚彼土有佛号无量智決定王如来阿耨多羅三藐三菩提現為衆生
開示説法妙殊諦聽南閻浮提人皆短壽大限百年於中殀枉横死者衆妙殊
如是无量壽如来功德名稱法要若有衆生得聞名号若自書或使人書能為経巻
受持讀誦若於舍宅所住之處以種種花鬘瓔珞塗香末香而為供養如其命盡復
得延年滿足百歳如是妙殊若有衆生得聞是无量壽智決定王如来一百八名号者益
其長壽若有衆生大命将盡憶念是如来名号更得增壽如是妙殊若有善男子善
女人欲求長壽於是无量壽如来一百八名号有得聞者或自書若使人書受持讀誦得
如是等果報福德具足陁羅尼曰　南謨薄伽勃底一阿波唎蜜多二阿喩紇硯娜三須毗
你悉指陁四囉佐耶五怛他羯他耶六怛姪他唵七薩婆桑悉迦囉八波唎輸底九達磨底十伽迦娜
莎訶其特迦底十二薩婆婆毗輸底十三摩訶娜耶十四波唎婆嚩莎訶十五
世尊復告妙殊室利如是如来一百八名号若有自書或使人書為経巻受持讀誦如壽命盡
復滿百年壽終之身後得往生无量福智世界无量壽淨土陁羅尼曰　南謨薄伽勃底一阿
波唎蜜多二阿喩紇硯娜三須毗你悉指陁四囉佐耶五怛他羯他耶六怛姪他唵七薩婆桑悉迦囉八波唎輸底
達磨底十伽迦娜十一莎訶其特迦底十二薩婆婆毗輸底十三摩訶娜耶十四波唎婆嚩莎訶十五
尒時有九十九姟佛一時同聲説是无量壽宗要経陁羅尼曰　南謨薄伽勃底一阿波唎蜜
多二阿喩紇硯娜三須毗你悉指陁四囉佐耶五怛他羯他耶六怛姪他唵七薩婆桑悉迦囉八波唎輸底

哆二阿喻紇硯娜三須毗你悉指陁四囉佐耶五怛他羯他耶六怛姪他唵七薩婆桑悉迦囉八波剁輸㲽九

達磨㲽十伽迦娜十一莎訶某特迦㲽十二薩婆婆毗輸㲽十三摩訶娜耶十四波剁婆𠼝莎訶十五

尒時復有一百四姟佛一時同聲說是无量壽宗要經陁羅尼曰　南謨薄伽勃㲽一阿波剁

蜜哆二阿喻紇硯娜三須毗你悉指陁四囉佐耶五怛他羯他耶六怛姪他唵七薩婆桑悉迦囉八波剁輸

㲽九達磨㲽十伽迦娜十一莎訶某特迦㲽十二薩婆婆毗輸㲽十三摩訶娜耶十四波剁婆𠼝莎訶十五

尒時復有七姟佛一時同聲說是无量壽宗要經陁羅尼曰　南謨薄伽勃㲽一阿波剁蜜哆二

阿喻紇硯娜三須毗你悉指陁四囉佐耶五怛他羯他耶六怛姪他唵七薩婆桑悉迦囉八波剁輸㲽九

達磨㲽十伽迦娜十一莎訶某特迦㲽十二薩婆婆毗輸㲽十三摩訶娜耶十四波剁婆𠼝莎訶十五

尒時復有六十五姟佛一時同聲說是无量壽宗要經陁羅尼曰　南謨薄伽勃㲽一阿波剁蜜

哆二阿喻紇硯娜三須毗你悉指陁四囉佐耶五怛他羯他耶六怛姪他唵七薩婆桑悉迦囉八波剁輸㲽

達磨㲽十伽迦娜十一莎訶某特迦㲽十二薩婆婆毗輸㲽十三摩訶娜耶十四波剁婆𠼝莎訶十五

尒時復有五十五姟佛一時同聲說是无量壽宗要經陁羅尼曰　南謨薄伽勃㲽一阿波剁

蜜哆二阿喻紇硯娜三須毗你悉指陁四囉佐耶五怛他羯他耶六怛姪他唵七薩婆桑悉迦囉八波剁輸

㲽九達磨㲽十伽迦娜十一莎訶某特迦㲽十二薩婆婆毗輸㲽十三摩訶娜耶十四波剁婆𠼝莎訶十五

尒時復有四十五姟佛一時同聲說是无量壽宗要經陁羅尼曰　南謨薄伽勃㲽一阿波剁蜜

哆二阿喻紇硯娜三須毗你悉指陁四囉佐耶五怛他羯他耶六怛姪他唵七薩婆桑悉迦囉八波剁輸㲽九

哆二阿喻紇硯娜三須毗你悉指陁四囉佐耶五怛他羯他耶六怛姪他唵七薩婆桒悉迦囉八波唎輸底九
達磨底十伽伽娜十一莎訶其特迦底十二薩婆婆毗輸底十三摩訶娜耶十四波唎婆嚫莎訶十五
尒時復有三十六姟佛一時同聲說是无量壽宗要經陁羅尼曰 南謨薄伽勃底一阿波唎蜜
哆二阿喻紇硯娜三須毗你悉指陁四囉佐耶五怛他羯他耶六怛姪他唵七薩婆桒悉迦囉八波唎輸底九
達磨底十伽伽娜十一莎訶其特迦底十二薩婆婆毗輸底十三摩訶娜耶十四波唎婆嚫莎訶十五
尒時復有二十五姟佛一時同聲說是无量壽宗要經陁羅尼曰 南謨薄伽勃底一阿波唎蜜
哆二阿喻紇硯娜三須毗你悉指陁四囉佐耶五怛他羯他耶六怛姪他唵七薩婆桒悉迦囉八波唎輸
底九達磨底十伽伽娜十一莎訶其特迦底十二薩婆婆毗輸底十三摩訶娜耶十四波唎婆嚫莎訶十五
尒時復有恒河沙姟佛一時同聲說是无量壽宗要經陁羅尼曰 南謨薄伽勃底一阿波唎
蜜哆二阿喻紇硯娜三須毗你悉指陁四囉佐耶五怛他羯他耶六怛姪他唵七薩婆桒悉迦囉八波唎
輸底九達磨底十伽伽娜十一莎訶其特迦底十二薩婆婆毗輸底十三摩訶娜耶十四波唎婆嚫莎訶
善男子若有自書寫教人書寫是无量壽宗要經如其命盡復得長壽亦滿百年陁羅尼曰
南謨薄伽勃底一阿波唎蜜哆二阿喻紇硯娜三須毗你悉指陁四囉佐耶五怛他羯他耶六怛姪他唵七薩婆
桒悉迦囉八波唎輸底九達磨底十伽伽娜十一莎訶其特迦底十二薩婆婆毗輸底十三摩訶娜耶十四波唎婆
嚫莎訶十五若有自書寫教人書寫是无量壽宗要經讀誦受持畢竟不墮地獄在在所生得
宿命智陁羅尼曰 南謨薄伽勃底一阿波唎蜜哆二阿喻紇硯娜三須毗你悉指陁四囉佐耶五怛他羯
他耶六怛姪他唵七薩婆桒悉迦囉八波唎輸底九達磨底十伽伽娜十一

他耶六 怛姪他唵七 薩婆桑悉迦囉八 波唎輸底九 達磨底十 伽迦娜十一 莎訶其特迦底十二 薩婆婆毗輸
底十三 摩訶娜耶十四 波唎婆嚫莎訶十五 若有自書教人書寫是无量壽宗要經受持讀誦如同
書寫八万四千一切經典陀羅尼曰 南謨薄伽勃底一 阿波唎蜜多二 阿喻紇硯娜三 須毗你悉指陀四 囉
佐耶五 怛他羯他耶六 怛姪他唵七 薩婆桑悉迦囉八 波唎輸底九 達磨底十 伽迦娜十一 莎訶其特迦底十二
薩婆婆毗輸底十三 摩訶娜耶十四 波唎婆嚫莎訶十五 若有自書寫教人書寫是无量壽宗要經受
持讀誦即是書寫八万四千部建立塔廟陀羅尼曰 南謨薄伽勃底一 阿波唎蜜多二 阿喻紇硯娜
須毗你悉指陀四 囉佐耶五 怛他羯他耶六 怛姪他唵七 薩婆桑悉迦囉八 波唎輸底九 達磨底十 伽迦娜十一 莎
訶其特迦底十二 薩婆婆毗輸底十三 摩訶娜耶十四 波唎婆嚫莎訶十五
若有自書寫教人書寫是无量壽宗要經能消五无間等一切重罪陀羅尼曰 南謨薄伽勃底一 阿
波唎蜜多二 阿喻紇硯娜三 須毗你悉指陀四 囉佐耶五 怛他羯他耶六 怛姪他唵七 薩婆桑悉迦囉八 波唎輸
底九 達磨底十 伽迦娜十一 莎訶其特迦底十二 薩婆婆毗輸底十三 摩訶娜耶十四 波唎婆嚫莎訶十五
若有自書寫教人書寫是无量壽宗要經受持讀誦設有重罪猶如須弥盡能除滅陀羅尼曰
南謨薄伽勃底一 阿波唎蜜多二 阿喻紇硯娜三 須毗你悉指陀四 囉佐耶五 怛他羯他耶六 怛姪他唵七 薩婆桑
悉迦囉八 波唎輸底九 達磨底十 伽迦娜十一 莎訶其特迦底十二 薩婆婆毗輸底十三 摩訶娜耶十四 波唎婆嚫莎訶
若有自書寫教人書寫是无量壽宗要經受持讀誦若魔魔之眷属夜叉羅剎不得其
便終无枉死陀羅尼曰 南謨薄伽勃底一 阿波唎蜜多二 阿喻紇硯娜三 須毗你悉指陀四 囉佐耶五

便終无枉死陁羅尼曰 南謨薄伽勃底一 阿波唎蜜哆二 阿喻紇硯娜三 須毗你悉指陁四 囉佐耶五 怛
他羯他耶六 怛姪他唵七 薩婆桑悉迦囉八 波唎輸底九 達磨底十 伽迦娜十一 莎訶其特迦底十二 薩婆婆毗輸底
摩訶娜耶十四 波唎婆囇莎訶十五 若有自書寫教人書寫是无量壽宗要經受持讀誦當令終
時有九十九姟佛現其人前來千佛授手能遊一切佛剎莫於此經生於疑惑陁羅尼曰 南謨薄伽
勃底一 阿波唎蜜哆二 阿喻紇硯娜三 須毗你悉指陁四 囉佐耶五 怛他羯他耶六 怛姪他唵七 薩婆桑悉迦囉
波唎輸底九 達磨底十 伽迦娜十一 莎訶其特迦底十二 薩婆婆毗輸底十三 摩訶娜耶十四 波唎婆囇莎訶
若有自書寫教人書寫是无量壽宗要經受持讀誦常得四天大王隨其衛護陁羅尼曰 南謨薄
伽勃底一 阿波唎蜜哆二 阿喻紇硯娜三 須毗你悉指陁四 囉佐耶五 怛他羯他耶六 怛姪他唵七 薩婆桑悉迦囉八 波
唎輸底九 達磨底十 伽迦娜十一 莎訶其特迦底十二 薩婆婆毗輸底十三 摩訶娜耶十四 波唎婆囇莎訶十五
若有自書寫教人書寫是无量壽宗要經受持讀誦當得往生西方極樂世界阿彌陁淨土陁
羅尼曰 南謨薄伽勃底一 阿波唎蜜哆二 阿喻紇硯娜三 須毗你悉指陁四 囉佐耶五 怛他羯他耶六 怛姪他唵
薩婆桑悉迦囉八 波唎輸底九 達磨底十 伽迦娜十一 莎訶其特迦底十二 薩婆婆毗輸底十三 摩訶娜耶十四 波唎
婆囇莎訶十五 若有方所自書寫使人書寫是无量壽經典之處則為是塔皆應恭敬作禮若
是畜生或為鳥獸得聞是經如是等類皆當不久得成一切種智陁羅尼曰 南謨薄伽勃底一
阿波唎蜜哆二 阿喻紇硯娜三 須毗你悉指陁四 囉佐耶五 怛他羯他耶六 怛姪他唵七 薩婆桑悉迦囉八 波唎輸
底九 達磨底十 伽迦娜十一 莎訶其特迦底十二 薩婆婆毗輸底十三 摩訶娜耶十四 波唎婆囇莎訶十五

㕧九　達磨㕧十　伽迦娜十一　莎訶其特迦㕧十二　薩婆婆毗輸㕧十三　摩訶娜耶十四　波唎婆𡅏莎訶　十五

若有於是无量壽經自書寫使人書畢竟不受女人之身陀羅尼曰　南謨薄伽勃㕧一阿波

唎蜜多二阿喻紇硯娜三須毗你悉指陀四囉佐耶五怛他羯他耶六怛姪他唵七　薩婆桒悉迦囉八波唎輸

㕧九　達磨㕧十　伽迦娜十一　莎訶其特迦㕧十二　薩婆婆毗輸㕧十三　摩訶娜耶十四　波唎婆𡅏莎訶　十五

若有能於是經少分能惠施者等於三千大千世界滿中七寶布施陀羅尼曰　南謨薄伽勃㕧一

阿波唎蜜多二阿喻紇硯娜三須毗你悉指陀四囉佐耶五怛他羯他耶六怛姪他唵七　薩婆桒悉迦囉八波

唎輸㕧九　達磨㕧十　伽迦娜十一　莎訶其特迦㕧十二　薩婆婆毗輸㕧十三　摩訶娜耶十四　波唎婆𡅏莎訶

若有能供養是經者則是供養一切諸經等无有異陀羅尼曰　南謨薄伽勃㕧一阿波唎

蜜多二阿喻紇硯娜三須毗你悉指陀四囉佐耶五怛他羯他耶六怛姪他唵七　薩婆桒悉迦囉八波唎輸㕧

達磨㕧十　伽迦娜十一　莎訶其特迦㕧十二　薩婆婆毗輸㕧十三　摩訶娜耶十四　波唎婆𡅏莎訶　十五

如是毗婆尸佛　尸棄佛　毗舍浮佛　俱留孫佛　倶那含牟尼佛　加葉佛　釋迦牟尼佛　若有

人以七寶供養如是七佛其福有限書寫受持是无量壽經典所有功德不可限量陀羅尼曰

南謨薄伽勃㕧一阿波唎蜜多二阿喻紇硯娜三須毗你悉指陀四囉佐耶五怛他羯他耶六怛姪他唵七　薩婆

桒悉迦囉八波唎輸㕧九　達磨㕧十　伽迦娜十一　莎訶其特迦㕧十二　薩婆婆毗輸㕧十三　摩訶娜耶十四　波唎婆𡅏

莎訶　十五　若有七寶等於須彌以用布施其福上能知其限量是无量壽經典其福不可知數陀

羅尼曰　南謨薄伽勃㕧一阿波唎蜜多二阿喻紇硯那三

莎訶十五 若有七寶等於須彌山用布施其福上能知其限量是无量壽經典其福不可知數陁
羅尼曰 南謨薄伽勃底一 阿波唎蜜多二 阿喻紇硯娜三 須毗你悉指陁四 囉佐耶五 怛他羯他耶六 怛
姪他唵七 薩婆桑悉迦囉八 波唎輸底九 達磨底十 伽迦娜十一 莎訶其特迦底十二 薩婆婆毗輸底十三
摩訶娜耶十四 波唎婆囉莎訶十五 如是四大海水可知渧數是无量壽經典所生果報不
數量陁羅尼曰 南謨薄伽勃底一 阿波唎蜜多二 阿喻紇硯娜三 須毗你悉指陁四 囉佐耶
怛他羯他耶六 怛姪他唵七 薩婆桑悉迦囉八 波唎輸底九 達磨底十 伽迦娜十一 莎訶其特迦底十二
薩婆婆毗輸底十三 摩訶娜耶十四 波唎婆囉莎訶十五 若有自書寫是无量壽經典又能護
持供養即如恭敬一切十方佛如来无有異別陁羅尼曰 南謨薄伽勃底一 阿波
唎蜜多二 阿喻紇硯娜三 須毗你悉指陁四 囉佐耶五 怛他羯他耶六 怛姪他唵七 薩婆桑悉迦囉
波唎輸底九 達磨底十 伽迦娜十一 莎訶其特迦底十二 薩婆婆毗輸底十三 摩訶娜耶十四 波唎婆囉莎訶

布施力能成正覺 悟布施力人師子 布施力能聲善聞 慈悲階漸最能入
持戒力能成正覺 悟持戒力人師子 持戒力能聲善聞 慈悲階漸最能入
忍辱力能成正覺 悟忍辱力人師子 忍辱力能聲善聞 慈悲階漸最能入
精進力能成正覺 悟精進力人師子 精進力能聲善聞 慈悲階漸最能入
禪定力能成正覺 悟禪定力人師子 禪定力能聲善聞 慈悲階漸最能入
智慧力能成正覺 悟智慧力人師子 智慧力能聲善聞 慈悲階漸最能入
尒時如来說是經已一切世間

尒時如来說是經已一切世間天人阿脩羅揵闥婆等聞佛所說皆大歡喜
信受持奉行

佛說无量壽宗要經

呂日興

大乘无量壽經

如是我聞一時薄伽梵在舍衛國祇樹給孤獨園與大苾蒭僧二百五十人大菩
薩摩訶薩衆俱同會坐尒時世尊告曼殊室利童子曼殊上方有世界名
无量功德聚彼土有佛号无量智決定王如来阿耨多羅三藐三提現爲衆生
開示說法曼殊諦聽南閻浮提人皆短壽大限百年於中殀枉横死者衆曼殊
如是无量壽如来功德名稱法要若有衆生得聞名号若自書或使人書能爲經卷
受持讀誦若於舍宅所住之處以種種花鬘瓔珞塗香末香而爲供養如其命盡復
得延年滿足百歲如是曼殊若有衆生得聞是无量壽智決定王如来一百八名号者
益其長壽若有衆生大命將盡憶念是如来名号更得增壽如是曼殊若有善男子

益其長壽若有衆生大命將盡憶念是如來名号更得增壽如是曼殊若有善男子
善女人欲求長壽於是无量壽如來一百八名号有得聞者或自書若使人書受持讀
誦得如是等果報福德具足陁羅尼曰　南謨薄伽勃底一阿波唎蜜唦二阿喻紇硯
娜三須毗你悉指陁四囉佐耶五怛他羯他耶六怛姪他唵七薩婆桑悉迦囉八波唎輸底九
達磨底十伽迦娜十一莎訶某特迦底十二薩婆婆毗輸底十三摩訶娜耶十四波唎婆嚛莎訶
世尊復告曼殊室利如是如來一百八名号若有自書或使人書為經卷受持讀誦如
壽命盡復滿百年壽終此身後得往生无量智福世界无量壽淨土陁羅尼曰　南謨薄伽勃
底一阿波唎蜜唦二阿喻紇硯娜三須毗你悉指陁四囉佐耶五怛他羯他耶六怛姪他唵七薩婆桑悉
迦囉八波唎輸底九達磨底十伽迦娜十一莎訶某特迦底十二薩婆婆毗輸底十三摩訶娜耶十四波唎婆嚛莎訶
尒時有九十九姟佛等一時同聲說是无量壽宗要經陁羅尼曰　南謨薄伽勃底一阿波唎
蜜唦二阿喻紇硯娜三須毗你悉指陁四囉佐耶五怛他羯他耶六怛姪他唵七薩婆桑悉迦囉八波唎輸
底九達磨底十伽迦娜十一莎訶某特迦底十二薩婆婆毗輸底十三摩訶娜耶十四波唎婆嚛莎訶十五
尒時復有一百四姟佛一時同聲說是无量壽宗要經陁羅尼曰　南謨薄伽勃底一阿波唎
蜜唦二阿喻紇硯娜三須毗你悉指陁四囉佐耶五怛他羯他耶六怛姪他唵七薩婆桑悉迦囉八波唎輸
底九達磨底十伽迦娜十一莎訶某特迦底十二薩婆婆毗輸底十三摩訶娜耶十四波唎婆嚛莎訶十五
尒時復有七姟佛一時同聲說是无量壽宗要經陁羅尼曰　南謨薄伽勃底一阿波唎
蜜唦二阿喻紇硯娜三須毗你悉指陁四囉佐耶五怛他羯他耶六怛姪他唵七[illegible]

蜜哆二阿喻紇硯娜三須毗你悉指陀四囉佐耶五怛他羯他耶六怛姪他唵七薩婆桑悉迦囉八波唎
輸底九達磨底十伽伽娜十一莎訶其特迦底十二薩婆婆毗輸底十三摩訶娜耶十四波唎婆囉莎訶
尒時復有六十五姟佛一時同聲說是无量壽宗要經陀羅尼曰 南謨薄伽勃底一阿波唎
蜜哆二阿喻紇硯娜三須毗你悉指陀四囉佐耶五怛他羯他耶六怛姪他唵七薩婆桑悉迦囉八波唎輸
底九達磨底十伽伽娜十一莎訶其特迦底十二薩婆婆毗輸底十三摩訶娜耶十四波唎婆囉莎訶十五
尒時復有五十五姟佛一時同聲說是无量壽宗要經陀羅尼曰 南謨薄伽勃底一阿波
唎蜜哆二阿喻紇硯娜三須毗你悉指陀四囉佐耶五怛他羯他耶六怛姪他唵七薩婆桑悉迦囉八波
唎輸底九達磨底十伽伽娜十一莎訶其特迦底十二薩婆婆毗輸底十三摩訶娜耶十四波唎婆囉莎訶
尒時復有四十五姟佛一時同聲說是无量壽宗要經陀羅尼曰 南謨薄伽勃底一阿波唎
蜜哆二阿喻紇硯娜三須毗你悉指陀四囉佐耶五怛他羯他耶六怛姪他唵七薩婆桑悉迦囉八波唎輸
底九達磨底十伽伽娜十一莎訶其特迦底十二薩婆婆毗輸底十三摩訶娜耶十四波唎婆囉莎訶十五
尒時復有三十六姟佛一時同聲說是无量壽宗要經陀羅尼曰 南謨薄伽勃底一阿波唎
蜜哆二阿喻紇硯娜三須毗你悉指陀四囉佐耶五怛他羯他耶六怛姪他唵七薩婆桑悉迦囉八波唎
輸底九達磨底十伽伽娜十一莎訶其特迦底十二薩婆婆毗輸底十三摩訶娜耶十四波唎婆囉莎訶十五
尒時復有二十五姟佛一時同聲說是无量壽宗要經陀羅尼曰 南謨薄伽勃底一阿波唎蜜
哆二阿喻紇硯娜三須毗你悉指陀四囉佐耶五怛他羯他耶六怛姪他唵七薩婆桑悉迦囉八波唎輸

㖶阿喻紇硯娜三 須毗你悉指陁四 囉佐耶五 怛他羯他耶六 怛姪他唵七 薩婆桑悉迦囉八 波唎輸
底九 達磨底十 伽迦娜十一 莎訶其特迦底十二 薩婆婆毗輸底十三 摩訶娜耶十四 波唎婆嚟莎訶十五
爾時復有恒河沙數佛一時同聲說是無量壽宗要經陁羅尼曰 南謨薄伽勃底一 阿波
唎蜜㖶阿喻紇硯娜三 須毗你悉指陁四 囉佐耶五 怛他羯他耶六 怛姪他唵七 薩婆桑悉迦囉八 波
唎輸底九 達磨底十 伽迦娜十一 莎訶其特迦底十二 薩婆婆毗輸底十三 摩訶娜耶十四 波唎婆嚟莎訶
善男子若有自書寫教人書寫是無量壽宗要經如其命盡復得長壽而滿百年陁羅尼曰
南謨薄伽勃底一 阿波唎蜜㖶阿喻紇硯娜三 須毗你悉指陁四 囉佐耶五 怛他羯他耶六 怛姪他唵七 薩
婆桑悉迦囉八 波唎輸底九 達磨底十 伽迦娜十一 莎訶其特迦底十二 薩婆婆毗輸底十三 摩訶娜耶十四 波唎婆
嚟莎訶十五 若有自書寫教人書寫是無量壽宗要經讀誦受持畢竟不墮地獄在在所生
得宿命智陁羅尼曰 南謨薄伽勃底一 阿波唎蜜㖶阿喻紇硯娜三 須毗你悉指陁四 囉佐耶五 怛他
羯他耶六 怛姪他唵七 薩婆桑悉迦囉八 波唎輸底九 達磨底十 伽迦娜十一 莎訶其特迦底十二 薩婆婆毗輸底
摩訶娜耶十四 波唎婆嚟莎訶十五 若有自書教人書寫是無量壽宗要經受持讀誦如同書
寫八万四千一切經典陁羅尼曰 南謨薄伽勃底一 阿波唎蜜㖶阿喻紇硯娜三 須毗你悉指陁四
囉佐耶五 怛他羯他耶六 怛姪他唵七 薩婆桑悉迦囉八 波唎輸底九 達磨底十 伽迦娜十一 莎訶其特迦底十二
薩婆婆毗輸底十三 摩訶娜耶十四 波唎婆嚟莎訶十五 若有自書寫教人書寫是無量壽宗要經受
持讀誦即是書寫八万四千部建立塔廟陁羅尼曰 南謨薄伽勃底一 阿波唎蜜㖶阿喻

持讀誦即是書寫八万四千部建立塔廟陁羅尼曰　南謨薄伽勃底一阿波唎蜜哆二阿喻
紇硯娜三須毗你悉指陁四囉佐耶五怛他羯他耶六怛姪他唵七薩婆桑悉迦囉八波唎輸底九達磨底十
伽迦娜十一莎訶其特迦底十二薩婆婆毗輸底十三摩訶娜耶十四波唎婆囉莎訶十五
若有自書寫教人書寫是无量壽宗要經能消无間等一切重罪陁羅尼曰　南謨薄伽勃底一阿波
唎蜜哆二阿喻紇硯娜三須毗你悉指陁四囉佐耶五怛他羯他耶六怛姪他唵七薩婆桑悉迦囉八波唎輸
底九達磨底十伽迦娜十一莎訶其特迦底十二薩婆婆毗輸底十三摩訶娜耶十四波唎婆囉莎訶十五
若有自書寫教人書寫是无量壽宗要經受持讀誦設有重罪猶如須弥盡能除滅陁羅
尼曰　南謨薄伽勃底一阿波唎蜜哆二阿喻紇硯娜三須毗你悉指陁四囉佐耶五怛他羯他耶六怛姪他
唵七薩婆桑悉迦囉八波唎輸底九達磨底十伽迦娜十一莎訶其特迦底十二薩婆婆毗輸底十三摩訶娜
耶十四波唎婆囉莎訶十五　若有自書寫教人書寫是无量壽宗要經受持讀誦若魔魔
之眷屬夜叉羅剎不得其便終无枉死陁羅尼曰　南謨薄伽勃底一阿波唎蜜哆二阿喻紇
硯娜三須毗你悉指陁四囉佐耶五怛他羯他耶六怛姪他唵七薩婆桑悉迦囉八波唎輸底九達磨底十伽
迦娜十一莎訶其特迦底十二薩婆婆毗輸底十三摩訶娜耶十四波唎婆囉莎訶十五
若有自書寫教人書寫是无量壽宗要經受持讀誦當命終時有九十九姟佛現其人前來
千佛授手能遊一切佛剎莫於此經生於疑惑陁羅尼曰　南謨薄伽勃底一阿波唎蜜哆
阿喻紇硯娜三須毗你悉指陁四囉佐耶五怛他羯他耶六怛姪他唵七薩婆桑悉迦囉八波唎輸底九

阿喻紇硯娜三 酒毗你悉揞陁四 囉佐耶五 怛他羯他耶六 怛姪他唵七 薩婆桑悉迦囉八 波唎輸底九
達磨底十 伽迦娜十一 莎訶其特迦底十二 薩婆婆毗輸底十三 摩訶娜耶十四 波唎婆嚩莎訶十五
若有自書寫教人書寫是无量壽宗要經受持讀誦常得四天大王隨其衛護陁羅尼曰
南謨薄伽勃底一 阿波唎蜜哆二 阿喻紇硯娜三 酒毗你悉揞陁四 囉佐耶五 怛他羯他耶六 怛姪他唵七
薩婆桑悉迦囉八 波唎輸底九 達磨底十 伽迦娜十一 莎訶其特迦底十二 薩婆婆毗輸底十三 摩訶娜耶十四 波唎
婆嚩莎訶十五 若有自書寫教人書寫是无量壽宗要經受持讀誦當得往生西方極樂世界
阿弥陁淨土陁羅尼曰 南謨薄伽勃底一 阿波唎蜜哆二 阿喻紇硯娜三 酒毗你悉揞陁四 囉佐
耶五 怛他羯他耶六 怛姪他唵七 薩婆桑悉迦囉八 波唎輸底九 達磨底十 伽迦娜十一 莎訶其特迦底十二 薩
婆婆毗輸底十三 摩訶娜耶十四 波唎婆嚩莎訶十五 若有方所自書寫使人書寫是无量壽經典之
處則為是塔皆應恭敬作礼若是畜生或為鳥獸得聞是經如是等類皆當不久得成一切
種智陁羅尼曰 南謨薄伽勃底一 阿波唎蜜哆二 阿喻紇硯娜三 酒毗你悉揞陁四 囉佐耶五 怛他羯
他耶六 怛姪他唵七 薩婆桑悉迦囉八 波唎輸底九 達磨底十 伽迦娜十一 莎訶其特迦底十二 薩婆婆毗輸底
摩訶娜耶十四 波唎婆嚩莎訶十五 若有於是無量壽經自書寫使人書寫畢竟不受女人之身陁羅尼曰
南謨薄伽勃底一 阿波唎蜜哆二 阿喻紇硯娜三 酒毗你悉揞陁四 囉佐耶五 怛他羯他耶六 怛姪他唵七 薩婆桑悉迦
囉八 波唎輸底九 達磨底十 伽迦娜十一 莎訶其特迦底十二 薩婆婆毗輸底十三 摩訶娜耶十四 波唎婆嚩莎訶
若有能於是經少分能惠施者等於三千大千世界滿中七寶布施陁羅尼曰 南謨薄伽勃底一

若有能於是經少分布施者其於三千大千世界滿中七寶布施陁羅尼曰 南謨薄伽勃底一

阿波唎蜜哆二阿喻紇硯娜三 須毗你悉指陁四 囉佐耶五 怛他羯他耶六 怛姪他唵七 薩婆桑悉迦囉八 波唎

輸底九 達磨底十 伽伽娜十一 莎訶其特迦底十二 薩婆婆毗輸底十三 摩訶娜耶十四 波唎婆囉莎訶十五

若有能供養是經者則是供養一切諸經等无有異陁羅尼曰 南謨薄伽勃底一 阿波

唎蜜哆二 阿喻紇硯娜三 須毗你悉指陁四 囉佐耶五 怛他羯他耶六 怛姪他唵七 薩婆桑悉迦囉八 波唎輸

底九 達磨底十 伽伽娜十一 莎訶其特迦底十二 薩婆婆毗輸底十三 摩訶娜耶十四 波唎婆囉莎訶十五

如是毗婆尸佛尸弃佛毗舍浮佛 俱留孫佛 俱那含牟尼佛 加葉佛 迦釋牟尼佛 若有人

以七寶供養如是七佛其福有限書寫受持是无量壽經典所有功德不可限量陁羅尼曰

南謨薄伽勃底一 阿波唎蜜哆二 阿喻紇硯娜三 須毗你悉指陁四 囉佐耶五 怛他羯他耶六 怛姪他唵七 薩

婆桑悉迦囉八 波唎輸底九 達磨底十 伽伽娜十一 莎訶其特迦底十二 薩婆婆毗輸底十三 摩訶娜耶十四 波唎婆

囉莎訶十五 若有七寶等於須弥以用布施其福上能知其限量是无量壽經典其福不可知

數陁羅尼曰 南謨薄伽勃底一 阿波唎蜜哆二 阿喻紇硯娜三 須毗你悉指陁四 囉佐耶五 怛他羯他耶六

怛姪他唵七 薩婆桑悉迦囉八 波唎輸底九 達磨底十 伽伽娜十一 莎訶其特迦底十二 薩婆婆毗輸底十三 摩訶

娜耶十四 波唎婆囉莎訶十五 如是四大海水可知渧數是无量壽經典所生果報不可數量陁羅尼曰

南謨薄伽勃底一 阿波唎蜜哆二 阿喻紇硯娜三 須毗你悉指陁四 囉佐耶五 怛他羯他耶六 怛姪他唵七

薩婆桑悉迦囉八 波唎輸底九 達磨底十 伽伽娜十一 莎訶其特迦底十二 薩婆婆毗輸底十三 摩訶娜耶

薩婆桑悉迦囉 波唎輸底 達磨底 伽迦娜 莎訶 其特迦底 薩婆婆毗輸底 摩訶娜耶
波唎婆嚟 莎訶十五 若有自書寫使人書寫是无量壽經典又能護持供養即如恭敬一切
十方佛如来无有異別陁羅尼曰 南謨薄伽勃底一 阿波唎蜜多二 阿喻紇硯娜三 須毗你
悉指陁四 囉佐耶五 怛他羯他耶六 怛姪他唵七 薩婆桑悉迦囉八 波唎輸底九 達磨底十 伽迦娜十一
莎訶 其特迦底十二 薩婆婆毗輸底十三 摩訶娜耶十四 波唎婆嚟 莎訶十五

布施力能成正覺　悟布施力人師子　布施力能聲善聞　慈悲階漸最能入
持戒力能成正覺　悟持戒力人師子　持戒力能聲善聞　慈悲階漸最能入
忍辱力能成正覺　悟忍辱力人師子　忍辱力能聲善聞　慈悲階漸最能入
精進力能成正覺　悟精進力人師子　精進力能聲善聞　慈悲階漸最能入
禪定力能成正覺　悟禪定力人師子　禪定力能聲善聞　慈悲階漸最能入
智慧力能成正覺　悟智慧力人師子　智慧力能聲善聞　慈悲階漸最能入

尒時如来說是經已一切世間天人阿脩羅揵闥婆等聞佛所說皆大歡喜信受
奉行

佛說是无量壽宗要經

呂兴

重

金光明經最勝王滅業障品第五 卷三

尒時世尊住正分別入於甚深微妙靜慮從

身毛孔放大光明無量百千種種諸色諸佛

剎土悉現光中方恒河沙後量譬喻所

不能及至讚悉世為光所照是諸衆生作

十惡業五無間羅誹謗三寶不孝

十惡業五逆闡提誹謗三寶不孝

BD00831v-1　金光明最勝王經卷三

BD00831v-2　雜寫

BD00832 妙法蓮華經卷五

（後秦）鳩摩羅什 譯

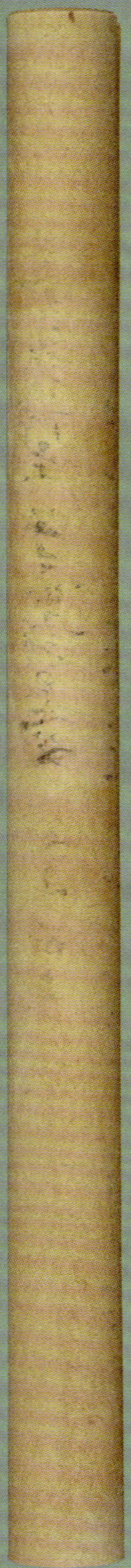

34.9cm × 26.4cm

是等我所生　子亦說是父　父少而子老　舉世
世尊亦如是　得道来甚近　是諸菩薩等　志固无怯弱
從无量劫来　而行菩薩道　巧於難問答　其心无所畏
忍辱心决定　端正有威德　十方佛所讚　善能分别說
不樂在人衆　常好在禪定　為求佛道故　於下空中住
我等從佛聞　於此事无疑　願佛為未来　演說令開解
若有於此經　生疑不信者　即當墮惡道　願今為解說
是无量菩薩　云何於少時　教化令發心　而住不退地

妙法蓮華經如来壽量品第十六

尒時佛告諸菩薩及一切大衆　諸善男子汝
等當信解如来誠諦之語　復告大衆汝等當
信解如来誠諦之語　又復告諸大衆汝等當

信解如來誠諦之語是時菩薩大衆彌勒爲
首合掌白佛言世尊唯願說之我等當信受
佛語如是三白已復言唯願說之我等當信
受佛語尒時世尊知諸菩薩三請不止而告
之言汝等諦聽如來秘密神通之力一切世
間天人及阿脩羅皆謂今釋迦牟尼佛出釋
氏宮去伽耶城不遠坐於道場得阿耨多羅
三藐三菩提然善男子我實成佛已來无量

BD00833

楞伽阿跋多羅寶經卷二

（南朝宋）求那跋陀羅 譯

179cm × 26cm

□行□人无我性自相共相□□无常苦不淨相計著
為首如是相不異觀前後轉進想不滅是名愚夫所
行禪云何觀察義禪謂人无我自相共相外道自他俱
无性已觀法无我彼地相義漸次增進是名觀察義禪
云何攀緣如禪謂妄想二无我妄想如實處不生妄想
□□攀緣如禪云何□□來禪入如來地行自覺聖智相
□住禪成□□□事是名如來禪尒時世
□重宣此義而說偈言

凡夫所行禪　觀察相義禪　攀緣如實禪　如來清淨禪
譬如日月形　鉢頭摩深險　如虛空火盡　脩行觀察者
如是種種相　外道道通禪　亦復墮聲聞　及緣覺境界
捨離彼一切　是則无所有　一切剎諸佛　以不思議手
一時摩其頂　隨順入如相

尒時大慧菩薩摩訶薩復白佛言世尊涅槃者說何
等法謂為涅槃佛告大慧一切自性習氣藏意意識見

何非常謂自相共相妄想相斷故非常云何非斷謂一切聖
去來現在得自覺故非斷大慧涅槃不壞不死若涅槃
死者復應受生相續若壞者應墮有爲相是故涅槃
離壞離死是故脩行者之所歸依復次大慧涅槃非捨非
得非斷非常非一義非種種義是名涅槃復次大慧聲聞
緣覺涅槃者覺自相共相不習近境界不顛倒見妄想
不生彼等於彼作涅槃覺復次大慧二種自性相云何爲二
謂言說自性計着事自性計着言說自性計着者從
无始言說虛妄習氣計着生事自性相計着者從不覺
自心現分齊生復次大慧如來以二種神通力建立菩薩
摩訶薩頂禮諸佛聽受問義云何二種神力建立謂三昧
正受爲現一切身面言說神力及手灌頂神力大慧菩薩
摩訶薩初菩薩地住佛神力所謂入菩薩大乘照明三昧
入是三昧已十方世界一切諸佛以神通力爲現一切身面言
說如金剛藏菩薩摩訶薩及餘如是相功德成就菩薩
摩訶薩大慧是名初菩薩地菩薩摩訶薩三昧正受神

說如金剛藏菩薩摩訶薩及餘如是相功德成就菩薩
摩訶薩大慧是名初菩薩地菩薩摩訶薩三昧正受神
力於百千劫積集善根之所成就次第諸地對治所治相
通達究竟至法雲地住大蓮華微妙宮殿坐大蓮華寶
師子座同類菩薩摩訶薩眷屬圍遶衆寶瓔珞莊嚴
其身如黃金瞻蔔日月光光諸最勝手從十方來就大蓮
華宮殿座上而灌其頂譬如自在轉輪聖王及天帝釋太
子灌頂是名菩薩手灌頂神力大慧是名菩薩摩訶薩
二種神力若菩薩摩訶薩住二種神力面見諸佛如來若
不如是則不能見
復次大慧菩薩摩訶薩凡所分別三昧神足說法之行是
等一切悉住如來二種神力大慧若菩薩摩訶薩離佛
神力辯說者一切凡夫亦應能說所以者何謂不住神力
故大慧山石樹木及諸樂器城墎宮殿以如來入城威神力
故皆自然出音樂之聲何況有心者聾盲瘖瘂无量衆
苦皆得解脫如來有如是等无量神力利安衆生

[illegible]
佛告大慧為離魔業煩惱故及不墮聲聞地禪為得如來
禪自覺地故及增進所得法故是故如來應供等正覺
咸以神力建立諸菩薩摩訶薩若不以神力建立者則墮
外道惡見妄想及諸聲聞眾魔悕望不得阿耨多羅三
藐三菩提以是義故諸佛如來咸以神力攝受諸菩薩
摩訶薩尒時世尊欲重宣此義而說偈言
神力人中尊　大願悉清淨　三摩提灌頂　初地及十地
尒時大慧菩薩摩訶薩復白佛言世尊佛說緣起如是
說因緣不自說道世尊外道亦說因緣謂勝自在時微塵生
如是諸性生然世尊所說因緣生諸性言說有間悉檀无
間悉檀　悉檀者譯義或言宗或言成或言默也　世尊外道亦說有无
有生世尊亦說无有生生已滅如世尊所說无明緣行乃至老死
此是世尊无因說非有因說世尊建立作如是說此有故彼
有者非建立漸生觀外道說勝非如來也所以者何世尊外
道說因不從緣生而有所生世尊說觀因有事觀事有因
如是因緣雜亂如是展轉无窮佛告大慧我非无因說及

如是因緣雜亂如是展轉无窮佛告大惠我非无因說及
因緣雜亂說此有故彼有者攝所攝非性覺自心現量大
惠若攝所攝計著不覺自心現量境界性非性彼有如是過
非我說緣起大惠復白佛言世尊非言說有性有一切性耶
世尊若无性者言說不生世尊是故言說有性有一切性
佛告大惠无性而作言說謂兔角龜毛等世間現言說大惠
非性非非性但言說耳如汝所說言說自性有一切性者汝論則
壞大惠非一切剎土有言說言說者是作耳或有佛剎瞻視
顯法或有作相或有揚眉或有動精或咲或欠或欬謦
或念剎土或動搖大惠如瞻視及香積世界普賢如來國土
但以瞻視令諸菩薩得无生法忍及諸勝三昧是故非言
說性有一切性大惠見此世界蚊蚋虫蟻是等眾生无有言
說而各辦事尒時世尊欲重宣此義而說偈言

如虛空兔角　及與槃大子　而无有言說　如是性妄想
因緣和合法　凡愚起妄想　不能如實知　輪迴三有宅

尒時大惠菩薩摩訶薩復白佛言世尊常聲者何事說

也然非不現大慧彼惑亂者有種種現非惑亂作无常所
以者何謂離性非性故大慧云何離性惑亂謂一切愚夫種
種境界故如彼恒河餓鬼見不見故无惑亂性於餘現故非
无非如是惑亂諸聖離顛倒不顛倒是故惑亂常謂相相
不壞故大慧非惑亂種種相妄相壞是故惑亂常大慧云
何惑亂真實若復因緣諸聖於此惑亂不起顛倒覺非
不顛倒覺大慧除諸聖於此惑亂有少分相非聖智事想
大慧凡有者愚夫妄說非聖言說彼惑亂者到不到妄想起
二種性謂聖種性及愚夫種種性者三種分別謂聲聞緣
覺乘佛乘云何愚夫妄想起聲聞乘種性謂自相共相
計着起聲聞乘種性是名妄想起聲聞乘種性大慧即彼
惑亂妄想起緣覺乘種性謂即彼惑亂自共相共不觀計
計起緣覺乘種性云何智者即彼惑亂想起佛乘種性
謂覺自心現量外性非性不妄想相起佛乘種性是名即
彼惑亂起佛乘種性又種種事性凡夫惑亂想起愚夫種

彼惑亂起佛乘種性又種種事性凡夫惑亂想起愚夫種
种彼非有事非无事是名種性義大惠即彼惑亂不妄想
諸聖心義意意識過習氣自性法轉變性是名為如是故
說如離心我說此句顯示離想即說離一切想大惠白佛言
世尊或亂為有為无佛告大惠如幻无計著想若惑亂有
計著者計著性不可滅緣起應如外道說因緣生法大惠
白佛言世尊若惑亂如幻者復當與餘惑作因佛告大惠非
幻惑因不起過故大惠幻不起過无有妄想大惠幻者從他
明處生非自妄想過習氣處生是故不起過大惠此是愚夫
心惑計著非賢聖也尒時世尊欲重宣此義而說偈言

聖不見惑亂　中間亦无實　中間若真實　惑亂即真實
捨離一切惑　若有相生者　是亦為惑亂　不淨猶如翳

復次大惠非无有想似見一切法如幻大惠白佛言世尊為種
種幻相計著言一切法如幻為異相計著若種種幻相計
著言一切如幻者世尊有性不如幻者所以者何謂色種種
相非因世尊无有因色種種相現如幻世尊是故无種種幻相

刹那須現已即滅非愚夫現如是一切性自妄想自共相觀察
无性非現色相計著尒時世尊欲重宣此義而說偈言
非幻无有譬　說法性如幻　不實速如電　是故說如幻
大慧復白佛言世尊所說一切性无生及无世尊前後所說
自相違耶說无生性如幻佛告大慧非我說无生性如幻前
後相違過所以者何謂生无生覺自心現量有非有外性
非性无生現大慧非我前後說相違然壞外道因生故我
說一切性无生大慧外道癡聚欲令有无生非自妄想種種
計著緣大慧我非有无有生是故我以无生死說而說大慧
說性者為攝受生死故壞无見斷見故為我弟子攝受

BD00834 毗尼心

BD00834v 題記

238cm × 27.6cm

……鈔律教東流五……

律主名婆麁留那此……

自往胡國求覓經書到摩竭國……

王塔南天王寺寫得胡本將還此國以晉……

月到楊州於闘場寺共三藏禪師佛大跋陀……

六卷沮解比丘寶雲譯胡為漢十年四部訖……

祇第四　五者迦葉惟律　亦名迦葉毗律此土未感未來漢地　律

一名為戒　若就教釋防非之法字之為戒此法能禁制身口也若就行解心惡之心名之為戒此心能制身口不為不令諸過得起名之為戒也

二名為律　若就教釋詮量輕重以之為律　若就行釋調伏對鐮以之為律　三名波羅木叉　此是胡音漢名解脫　若就教釋此是解縛之法依而出家若出羈寻左彼處彼身心无累故云彼彼解脫若就行釋絕纏之心念念之中能念念離煩惱故云彼彼解脫

四名毗尼　為滅　亦是西音此方云滅若就教釋此法能殄息諍論故云為滅若就行釋斷除生死苦盡充為解泊為滅

此四之中前二就因為名後方為戒內負名集後二……

…之大般涅槃果也滅者身智俱亡是无餘涅槃果也又大乘
之中戒之与律是因道果是有為智出要行解脫与滅是果
道因是無為出離行此四皆名藏者若說教釋文旨蘊留
名之為藏若說行釋出生衆善利益無窮故名為藏

次明受戒法　五種受戒

一上法受戒　位在無學以上若人不得阿羅漢即名受具足無師成道
正覺　證理究竟不從師悟故名自然得戒若弟子非自證受
諸佛為證得法最勝故名上法　二名善來受戒　位在須陁洹果以上此人宿
善而來值仏出世聞說
受戒此中含於二自然及自誓
歸道成初果求哀出家聖命善來比丘即發具足故名
具足受得戒也

三名師法受戒　此是女人欲得須陁洹果以求哀出家如來為說八敬
法遣阿難傳受於彼今其遵奉大僧以為師範永自頂受即
發具足故
名師法受戒　四名三語受戒　位在內凡以上此人值仏出世但聞而不見有
一羅漢受与三歸使發具足是故名三語受戒

五名羯磨受戒　位在道外凡以上下此人善根微薄道心難發要假十僧作法秉白羯磨方
得具足是名羯磨受戒要須具六因緣方得具足受戒一受戒人
身無十三難二年滿二十三衣鉢具四師僧衆滿如法清淨五
三難
結界內不別衆和相及六白三羯磨前後行運文辭無差

三種難[illegible]　結界内不別勢分相及　六二自三羯磨前後方便文辭具足
摩夷經中有十種受戒比丘有五種一上法二善來三三語四勅聽五羯
磨尼亦有五一上法二善來三師法四遣使五羯磨合為十種
誦律明十種受戒法一自然得戒謂佛無師自悟二自誓得戒
謂大迦葉　三見帝得戒謂拘隣等五比丘聞說四帝尋發其
足　四善來得戒謂耶舍等及如來一代善來所度者是何故
佛是法王自与受戒此等家後身比終不學地無常故
五者三語得戒謂未制羯磨已前諸羅漢所度乃為
受三歸即得具足戒　六問荅得戒亦名論義謂須陀耶
沙弥年始七歲佛問其義一一荅佛稱可聖心勅諸比丘
与受具足戒從問荅為名故稱問荅得戒　因勅比丘故亦名勅
聽得戒　七者八敬得戒亦名八重亦名八尊師法亦名八不可過
法謂大愛道[illegible]

畢[illegible]八敬得戒　[illegible]愛道從
阿難受八法已歡喜頂受又語阿難爲我白佛於八法中更乞
願〻聽比丘尼隨次大小礼比丘云何百歲尼礼新受戒比丘佛
告阿難若我聽比丘尼隨次大小礼比丘者無有是處阿難聞已
還報愛道愛道又言頂受尊教歡喜奉行即名出家受具足
戒復白阿難是五百釋女今當云何更爲我白佛〻言即聽
大愛道作和上在比丘十衆中白四羯磨受戒聽一時羯磨
三人不得至四即得此則愛道一人得名八敬受戒五百釋
女即羯磨受戒十誦文如是若依四分五百釋女文皆
八敬得戒　八遣使得戒謂半迦尸尼顏容端正若
出伽藍即有壞行留難聖者開聽差一比丘尼爲使往
大僧中代其乞戒故名遣使受戒　九羯磨受戒謂
十僧作法　十邊地持律五人受大戒以邊地佛法創行僧

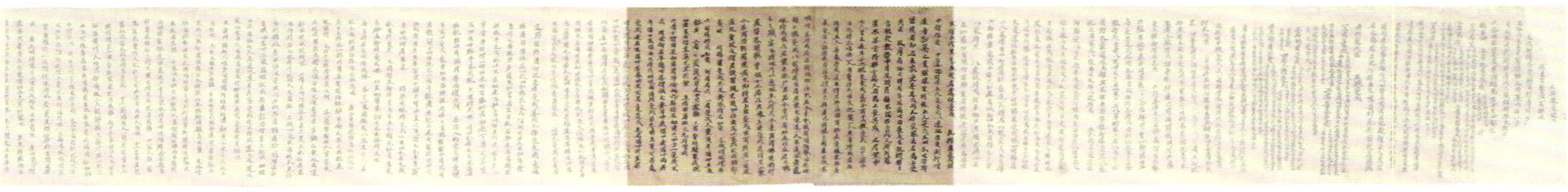

大僧中作具足戒故名遣使受具　九羯磨受戒謂

十僧作法　十邊地持律五人受大戒以邊地佛法創行僧

徒希尠集之至難故聖開聽五人受戒又四分云得阿

羅漢者即名出家受具足戒此人得最勝法名為上受

戒法　故摩訶論云時有年不滿廿而受戒生疑問佛〻

言聽數數胎中月及閏月猶不滿佛言此人得阿羅

漢不荅言得佛言此人名為上受具戒　又居衆中

女人曾出適年十二聽受大戒　通此合有十二種受戒　此十二種中

自然得戒唯佛一人　自誓得戒唯大迦葉一人　見諦得戒局在

拘隣五人　善來得戒通及僧尼佛在時有佛栽度後更無善

來受法三語得戒局在大僧未立羯磨已前聽三羯磨已後不

聽問荅得戒局在須陁耶沙弥若今末中法有須陁耶沙弥比

具八敬得戒　八敬得戒唯局在大愛道一人不通餘者是

使得式唯在尼衆半出□尼若今十代在如是比丘尼□明
小小顏容不得出所以邊地五人得式今邊方有佛法初行
處皆悉聞聽曾嫁十二局在尼衆上法受戒通僧尼二衆
今若有得阿羅漢者然即得名上法受戒唯有羯磨一法據
通凡聖彼及僧尼該羅現未須知作法成以不成故依諸部
廣明　問羯磨受式具足幾緣得名如法　答依僧祇律具
六因緣得成如法　何者為六　一者受式人要須年滿廿三衣
鉢具　二者受式人身元廿三遮難　三者要須結界成就
四者界內僧盡集元其別衆　五者羯磨牒文元有增減
六者十僧滿足如法清淨備此六緣得名如法六中少一受式不
成　問云何名年滿廿　答僧祇云要年廿歲滿廿歲滿廿雨若
年滿廿不滿雨不得式但使雨滿得受式若冬時生夏安居竟
受式是名不滿廿若春時生安居竟受式是名滿廿前安居

等滿廿不滿雨不得受[illegible]

受戒是名不滿廿若春時生安居竟受戒是名滿廿前安居

時生還前安居竟受戒後安居時生後安居竟受戒是名滿

廿四分家十二月為一歲滿廿人取本生月皆名滿廿得具足戒僧

祇家逕廿雨滿得具足戒如臈月生者至滿廿始經十八雨故

名不滿如是等要滿廿夏然後方得受戒然受戒事重是出

家根本若法不成即非比丘與白衣无別受人信施及以礼拜皆名

為盜得罪无量若人不知年少受戒者雖逕百年猶名沙弥

不應受大比丘礼敬及受信施當更受戒　問此人受戒已來僧

逕布薩羯磨何故更得受戒答此人作受大戒意聽

羯磨布薩非盜心故四分聽更受戒僧祇云若人不知年幾

當問父母親里若復不知當看生年板若無是者當觀其

頭狀手足[illegible]

不知滿廿難手足成就亦不得戒也　問四分律云年不滿廿
聽數胎中月閏月等此復云何　荅有人初受戒時意謂
年滿廿受戒竟方知不滿懷疑　問佛々言聽數胎中月閏月
若數一切十四日說戒以滿年數者無犯此是大聖開令得戒
依此間國法五年再閏十誦云缾沙王六年一閏五分五年一閏
未知依何者為定　問無衣鉢得受戒以不四分云无衣
鉢不得受戒　又問借衣鉢得受戒不五分借衣鉢者應教
衣鉢主捨得受戒也　毗尼毗婆沙論云无衣鉢得戒不
荅言得若尒何須衣鉢　荅言一為威儀故二為生前人善
故三為標異相故須衣鉢其也　第二身無遮難者何故須問
荅十三難為一鄣所奉与聖道隔絕鄣不發戒名之為難是
故須問　又問十三難者名義云何　荅一邊罪難此是曾受大

荅十三難爲一鄣所障与聖道隔絶鄣不發戒名之爲難是
故須問　又問十三難者名義云何　荅一邊罪難此人曾受大
戒犯波羅夷爲僧擯須白後又復更求出家翻在衆外名邊
鄣不發戒故稱也　二汙尼淨行難從出家已來不犯婬者名
爲淨行若白衣時汙犯此人不名難　三賊心受戒難此人无師
自剃鬚髮著加沙不受戒而共他布薩羯磨偷竊佛法故
名賊心若下三衆盜聽說戒羯磨詐同僧事亦犯也　四破
内外道難此人先是外道來出家受戒後不捨戒還入外道邪
見心重自然失戒若更欲於佛法求出家受戒者名難也
五黄門難此人性多煩惱闕於持戒煩惱鄣重不發大戒故名
爲難也　六煞父難七煞母難　白衣煞父或煞母違恩處深鄣不
發戒八煞阿羅漢難白衣時煞比丘臨終時顔色不變　九破僧

[illegible]故名五逆　十惡心出佛身血難此人一[illegible]
命很損聖軀遠理處深得重逆罪今時未世燒壞精舍形像舍
利若見瑞相然得逆罪不得受戒故名為難　十一非人難　若
鬼若天變作人形欲受大戒者名為非人難也　十二畜生若龍
若狐化為人形不得与受戒　十三二根難此人一身具有男女二
根於僧尼二衆皆無置處故名為難　此十三人中初四及五逆業
鄣攝黃門一人煩惱鄣攝後三人報鄣攝三鄣所羈一形之
中不可改易若未出家莫度若已出家當擯濱廣解如論
中所說也　問曰不問十三難為得受戒　荅四分云自制已後不得
又問本為防難故問今實无者何須問也　荅難為故難問若
實有難問以不問俱不得戒　若實无問便得戒不問不得
戒　弟三明結界成以不成後結界法中當說　弟四界內僧
盡集不來者与欲衆僧和合无其別衆也　弟五羯磨稱文

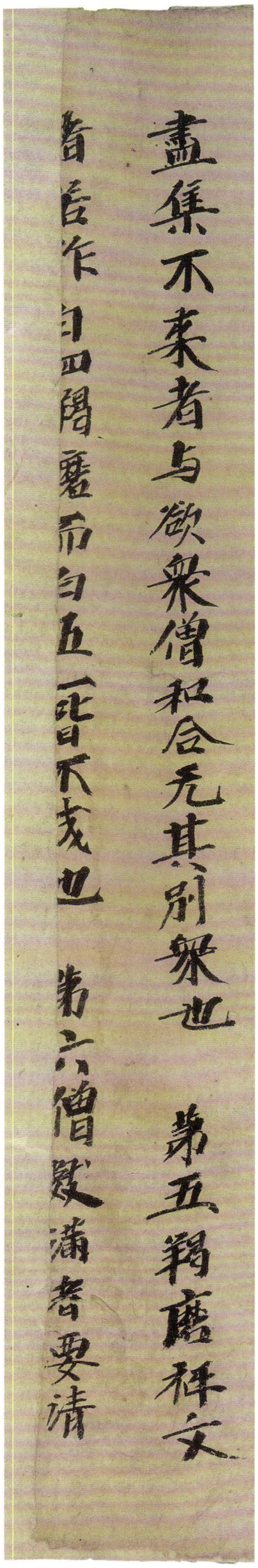

盡集不來者与欲衆僧和合无其別衆也　第五羯磨拜文

皆悉作　白四羯磨而白五一皆不成也　第六僧數滿者要清

BD00834v　題記

BD00835

維摩詰所説經卷下

（後秦）鳩摩羅什 譯

48.5cm × 26cm

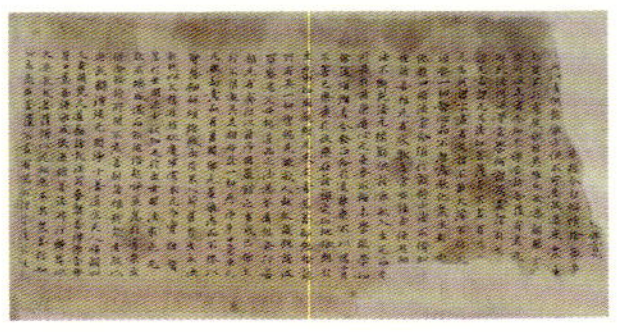

佛言
此想令自悔責捨離是
心所以者何諸佛方便不可思議為度衆生
故隨其所應現佛國異唯然世尊願賜少法
還於彼土當念如來佛告諸菩薩有盡元
解脫法門汝等當學何謂為盡謂有為
謂元盡謂元為法如菩薩者不盡有為一
元為何謂不盡有為謂不離大慈不捨大
㴱發一切智心而不忽忘教化衆生終不
惓於四攝法常念順行護持正法不惜軀
種諸善根元有疲猒志常安住方便迴向
法不懈說法元悋勤供諸佛故入生死而元
所畏於諸榮辱心元憂喜不輕未學敬學如
佛墮煩惱者令發正念於遠離樂不以為貴
不著己樂慶於彼樂在諸禪定如地獄想於

所有具一切智想見毀戒人起救護想諸波
羅蜜爲父母想道品之法爲眷屬想發行善
根无有齊限以諸淨國嚴飾之事成已佛土
行不限施具足相好除一切惡淨身口意生死
无數劫意而有勇聞佛无量德志而不惓以
智慧劒破煩惱賊出陰界入荷負衆生永使
解脫以大精進摧伏魔軍常求无念實相智
慧於世間法少欲知足於出世間法求之无
猒不壞威儀而能隨俗起神通慧引導衆生
得念揔持所聞不忘善別諸根斷衆生疑以
樂說辯演法无閡淨十善道受天人福脩四
无量開梵天道勸請說法隨喜讚善得佛音聲
身口意善得佛威儀深脩善法所行轉勝以
大乘教成菩薩僧心无放逸不失衆善行如
此法是名菩薩不盡有爲何謂菩薩不住无

BD00836 大般若波羅蜜多經卷四九九

（唐）玄奘 譯

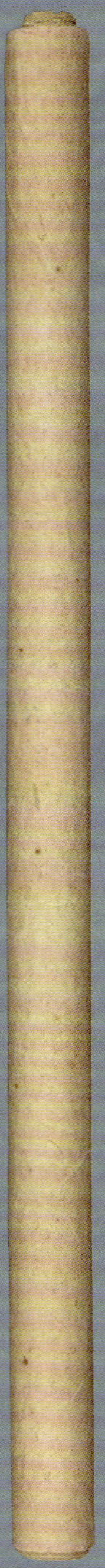

49.7cm × 29.1cm

究

亦不應迴向非心非心不應迴向於心心亦
不應迴向於心何以故憍尸迦非心即是不
可思議不可思議即是非心如是二種俱無
所有無所有中無迴向義憍尸迦心無自性
心所亦然心及心所既無自性故心亦無迴
向心義憍尸迦諸菩薩摩訶薩若作是觀是
謂菩薩摩訶薩甚深般若波羅蜜多尒時世
尊讚善現曰善哉善哉汝今善能為諸菩薩
摩訶薩衆宣說般若波羅蜜多亦能勸勵
諸菩薩摩訶薩令深歡喜勤脩般若波羅蜜
多具壽善現便白佛言我既知恩云何不報
所以者何過去諸佛及諸弟子為諸菩薩摩
訶薩衆宣說六種波羅蜜多示現教道讚勵

學令證無上正等菩提轉妙法輪[illegible]
故我今者應隨佛教為諸菩薩摩訶薩衆
宣說六種波羅蜜多亦現教導讚慶喜安
慰速立令得究竟速無上正等菩提轉妙
法輪窮未來際利益安樂一切有情是則名
為報彼恩德
尒時具壽善現復告天帝釋言憍尸迦汝問
云何菩薩摩訶薩應住般若波羅蜜多者諦
聽諦聽當為汝說諸菩薩摩訶薩於深般若
波羅蜜多如所應住不應住相憍尸迦色蘊
乃至識蘊色蘊乃至識蘊性空諸菩薩摩訶
薩諸菩薩摩訶薩性空若色蘊乃至識蘊性
空若諸菩薩摩訶薩性空如是一切皆無二
無二分憍尸迦諸菩薩摩訶薩於深般若

BD00837　無量壽宗要經（甲本）

168cm × 31cm

若有衆生大得持畫像念是如來名號有
情求長壽於是無量壽如來一百八名號有
能得如是等果報福得具足陁羅尼曰
南无薄伽勃底一 阿波唎蜜多二 阿喻紇硯
怛他羯他耶六 怛姪他 唵七 薩婆桑塞迦羅
跛莎新某持迦底十三 薩摩訶娜耶十四 波唎婆
子如是如來一百八名號若自書或使人書寫經
盡復得人身後得往生無量福智世界無量壽淨土陁羅尼曰
南无薄伽勃底一 阿波唎蜜多二 阿喻紇硯娜三 須毗你悉指陁四 囉佐耶五 怛他羯
怛他唵七 薩婆桑塞迦羅八 跛唎輸底九 達摩底十 伽伽娜十一 莎新某持迦底十二
毗輸底十三 摩訶娜耶十四 波唎婆莎訶十五
爾時復有九十九姟佛一時同聲說是無量壽宗要經陁羅尼曰 南无薄伽勃底
阿波唎蜜多二 阿喻紇硯娜三 須毗你悉指陁四 囉佐耶五 怛他羯他耶六 怛姪他唵七 薩婆
桑塞迦羅八 跛唎輸底九 達摩底十 伽伽娜十一 莎新某持迦底十二 薩婆婆毗輸底十三 摩
訶娜耶十四 波唎婆莎訶十五 爾時復有一百四姟佛一時同聲說是無
量壽宗要經陁羅尼曰 南无薄伽勃底一 阿波唎蜜多二 阿喻紇硯娜三 須毗
你悉指陁四 囉佐耶五 怛他羯他耶六 怛姪他唵七 薩婆桑塞迦羅八 跛唎輸底九 達

你悉指陁四囉佐耶五怛他羯他耶六怛姪他唵七薩婆桑悉迦羅八波唎輸底九達摩
底十伽迦娜十一莎訶某特迦底十二薩婆毗輸底十三摩訶娜耶十四波唎婆唎莎訶十五
尒時復有七垓仏一時同聲說是无量壽宗要經陁羅尼曰
南无薄伽勃底一阿波唎蜜多二阿喻紇硯娜三須毗你悉指陁四囉佐耶五怛他羯他耶六
怛姪他唵七薩婆三毗輸底八波唎輸底九達摩底十伽迦娜十一莎訶某特迦底十二薩婆
婆毗輸底十三摩訶娜耶十四波唎婆唎莎訶　尒時復有六十五垓佛一時同聲說是无
量壽宗要經陁羅尼曰　南无薄伽勃底一阿波唎蜜多二阿喻紇硯娜三須毗
你悉指陁四囉佐耶五怛他羯他耶六怛姪他唵七薩婆桑悉迦羅八波唎輸底九達摩底十
伽迦娜十一莎訶某特迦底十二薩婆毗輸底十三摩訶娜耶十四波唎婆唎莎訶十五
尒時復有五十五垓仏一時同聲說是无量壽宗要經陁羅尼曰　南无薄伽勃底
阿波唎蜜多二阿喻紇硯娜三須毗你悉指陁四囉佐耶五怛他羯他耶六怛姪他唵七薩婆
桑悉迦羅八波唎輸底九達摩底十伽迦娜十一莎訶某特迦底十二薩婆毗輸底十三摩訶娜
耶十四波唎婆唎莎訶十五　尒時復有卅五垓佛一時同聲說是无量壽宗要經陁羅
尼曰　南无薄伽勃底一阿波唎蜜多二阿喻紇硯娜三須毗你悉指陁四囉佐耶
怛他羯他耶六怛姪他唵七薩婆桑悉迦羅八波唎輸底九達摩底十伽迦娜十一莎訶某特迦底十二薩
婆毗輸底十三摩訶娜耶十四波唎婆唎莎訶十五　尒時復有卅六垓佛一時同聲說
是无量壽宗要經陁羅尼曰　南无薄伽勃底一阿波唎蜜多二阿喻紇硯娜三須

是无量壽宗要經陀羅尼曰 南无薄伽勃底一阿波唎蜜多二阿喻紇硯那三須毗你悉指陀四囉佐耶五怛他羯他耶六怛姪他唵七薩婆桑塞迦羅八波唎輸底九達磨底十伽迦那十一莎訶其持迦底十二薩婆毗輸底十三摩訶那耶十四波唎婆唎莎訶十五

介時復有廿五垓仏一時同聲說是无量壽宗要經陀羅尼曰 南无薄伽勃底一阿波唎蜜多二阿喻紇硯那三須毗你悉指陀四囉佐耶五怛他羯他耶六怛姪他唵七薩婆桑塞迦羅八波唎輸底九達磨底十伽伽那十一莎訶其持迦底十二薩婆婆毗輸底十三摩訶那耶十四波唎婆唎莎訶十五

介時復有恒河沙垓仏一時同聲說是无量宗要經陀羅尼曰 南无薄伽勃底一阿波唎蜜多二阿喻紇硯那三須毗你悉指陀四囉佐耶五怛他羯他耶六怛姪他唵七薩婆桑塞迦羅八波唎輸底九達磨底十伽迦那十一莎訶其持迦底十二薩婆婆毗輸底十三摩訶那耶十四波唎婆唎莎訶十五

善男子若有自書寫教人書寫是无量壽宗要經受持讀誦如其命盡復得延年滿足百歲陀羅尼曰 南无薄伽勃底一阿波唎蜜多二阿喻紇硯那三須毗你悉指陀四囉佐耶五怛他羯他耶六怛姪他唵七薩婆桑塞迦羅八波唎輸底九達磨底十伽迦那十一莎訶其持迦底十二薩婆婆毗輸底十三摩訶那耶十四波唎婆唎莎訶十五

若有自書寫教人書寫是无量壽宗要經讀誦受持畢竟不墮地獄在在所生得宿命智陀羅尼曰 南无薄伽勃底一阿波唎蜜多二阿喻紇硯那須毗你悉指陀四囉佐耶五怛他羯他耶六怛姪他唵七薩婆桑塞迦羅八波唎輸底九達磨底十伽迦那十一莎訶其持迦底十二薩婆婆毗輸底十三摩訶那耶十四波唎婆唎莎訶十五

若有自書寫教人書寫是无量壽宗要經受持讀誦如同書寫八万四千部一切經典陀羅

若有自書寫教人書寫是無量壽宗要經受持讀誦如同書寫八万四千部一切經典陀羅
南無薄伽勃底一阿波唎蜜多二阿喻紇硯娜三須毗你失指陀四囉佐耶五怛他羯他耶六怛姪他唵七
薩婆桑塞迦羅八波唎輸底九達磨底十伽迦娜十一莎訶某持迦底十二薩婆婆毗輸底十三摩訶娜耶十四
波唎婆唎莎訶十五
若有自書寫教人書寫是無量壽宗要經受持讀誦如
同書寫八万四千部建立之塔廟陀羅尼曰
南無薄伽勃底一阿波唎蜜多二阿喻紇硯娜三須
毗你失指陀四囉佐耶五怛他羯他耶六怛姪他唵七薩婆桑塞迦羅八波唎輸底九達磨底十伽迦娜十一
莎訶某持迦底十二薩婆婆毗輸底十三摩訶娜耶十四波唎婆唎莎訶十五
若有自書寫教人書寫是無量壽經典能消五無間等一切重陀羅尼曰　南無薄伽勃底
阿波唎蜜多二阿喻紇硯娜三須毗你失指陀四囉佐耶五怛他羯他耶六怛姪他唵七薩婆桑塞迦
羅八波唎輸底九達磨底十伽迦娜十一莎訶某持迦底十二薩婆婆毗輸底十三摩訶娜耶十四波唎婆唎莎
訶十五
若有自書寫教人書寫是無量壽宗要經受持讀誦設有重
積如須彌盡能除滅陀羅尼曰
南無薄伽勃底阿波唎蜜多二阿喻紇硯娜三
須毗你失指陀四囉佐耶五怛他羯他耶六怛姪他唵七薩婆桑塞迦羅八波唎輸底九達磨底十迦伽
娜十一莎訶某持迦底十二薩婆婆毗輸底十三摩訶娜耶十四波唎婆唎莎訶十五
若有自書寫教人書寫是無量壽宗要經受持讀誦若魔之眷屬夜叉羅剎不得其
便終無橫死陀羅尼曰
南無薄伽勃底一阿波唎蜜多二阿喻紇硯娜三須毗你失指

便終无橫死陀羅尼曰　南无薄伽勃底一阿波唎蜜多二阿喻紇硯娜三須毗你悉指
陀四囉佐耶五怛他羯他耶六怛姪他唵七薩婆桑悉迦羅八波唎輸底九達磨底十伽迦娜十一莎訶某
持伽底十二薩婆婆毗輸底十三摩訶娜耶十四波唎婆唎莎訶十五
若有自書寫教人書寫是无量壽宗要經受持讀誦當命終時有九十九垓仏現其人前
蒙千仏授手能遊一切仏刹莫於此經生於疑惑陀羅尼曰　南无薄伽勃底一阿
喻紇硯娜三須毗你悉指陀四囉佐耶五怛他羯他耶六怛姪他唵七薩婆桑悉迦羅八波唎輸底九達
磨底十伽迦娜十一莎訶某持迦底十二薩婆桑悉迦羅十三摩訶娜耶十四波唎婆唎莎訶十五
若有自書寫教人書寫是无量壽宗要經受持讀誦常得四天大王隨其衛護陀羅尼曰
南无薄伽勃底一阿波唎蜜多二阿喻紇硯娜三須毗你悉指陀四囉佐耶五怛他羯他耶六怛姪他唵七
薩婆桑悉迦羅八波唎輸底九達磨底十伽迦娜十一莎訶某持迦底十二薩婆婆毗輸底十三摩訶娜
耶十四波唎婆唎莎訶十五　若有自書寫教人書寫是无量壽宗要經受持讀
誦當得往生西方極樂世界阿弥陀淨土陀羅尼曰　南无薄伽勃底一阿波唎蜜多
阿喻紇硯娜三須毗你悉指陀四囉佐耶五怛他羯他耶六怛姪他唵七薩婆桑悉迦羅八波唎輸底九
達磨底十伽迦娜十一莎訶某持迦底十二薩婆婆毗輸底十三摩訶娜耶十四波唎婆唎莎訶十五
若有自書寫教人書寫是无量宗要經典之處則為是塔皆應作礼若是畜生禽鳥獸得
聞是經如是等類皆當不久得成一切種智陀羅尼曰　南无薄伽勃底一阿波唎蜜多
阿喻紇硯娜三須毗你悉指陀四囉佐耶五怛他羯他耶六怛姪他唵七薩婆桑悉迦羅八波唎輸底九達
磨底十伽迦娜十一莎訶某持迦底十二薩婆婆毗輸底十三摩訶娜耶十四波唎婆唎莎訶十五

摩底十 僧迦嚩士 莎訶某犄迦底士 薩婆二合毗輸底十三 摩訶娜取西 波唎婆唎莎訶十五
若有自書寫教人書寫畢竟不授女人之身陁羅尼曰　南無薄伽勃底一 阿波唎蜜哆二
阿喩紇硯嚩三 須毗你悉指陁四 囉佐耶五 怛他羯他耶六 怛姪他唵七 薩婆桑悉迦羅八 波唎輸底九 達磨底
伽迦嚩士 莎訶某犄迦底士 薩婆二合毗輸底十三 摩訶娜取西 波唎婆唎莎訶十五
若有能於是經少分能於是經少分能惠施者等於三千大千世界七寶布施陁羅尼曰
南無薄伽勃底一 阿波唎蜜哆二 阿喩紇硯嚩三 須毗你悉指陁四 囉佐耶五 怛他羯他耶六 怛姪他唵七 薩
婆桑悉迦羅八 波唎輸底九 達磨底十 伽迦嚩士 莎訶某犄迦底士 薩婆二合毗輸底十三 摩訶娜取西 波唎
婆唎莎訶十五　如是毗婆尸佛　尸棄佛　毗舍浮佛　俱留孫佛　俱那含牟尼
佛　迦葉佛　釋迦牟尼佛　若有人以七寶等於須彌山供養如是七佛其福有限書寫
受持是無量壽經典所生果報不可限量陁羅尼曰　南無薄伽勃底一 阿波唎蜜哆
阿喩紇硯嚩三 須毗你悉指陁四 囉佐耶五 怛他羯他耶六 怛姪他唵七 薩婆桑悉迦羅八 波唎輸底九 達
磨底十 伽迦嚩士 莎訶某犄迦底士 薩婆二合毗輸底十三 摩訶娜取西 波唎婆唎莎訶十五
若有七寶等於須彌山用布施其福上能知其限量是無量壽經典所生果報不可知數
陁羅尼曰　南無薄伽勃底一 阿波唎蜜哆二 阿喩紇硯嚩三 須毗你悉指陁四 囉佐耶五
怛他羯他耶六 怛姪他唵七 薩婆桑悉迦羅八 波唎輸底九 達磨底十 伽迦嚩士 莎訶某犄迦底士 薩婆二合
毗輸底十三 摩訶娜取西 波唎婆唎莎訶十五
如是四大海水可知渧數是無量壽經典所生果報不可知數陁羅尼曰

輩乃[illegible]

如是四大海水可知渧數，是无量壽經典所生果報不可知數。陀羅尼曰：

南謨薄伽勃底一 阿波唎蜜哆二 阿喻紇硯娜三 須毗你悉指陀四 囉佐耶五 怛他羯他耶六 怛姪他七 唵

薩婆桑悉迦羅八 波唎輸底九 達磨底十 伽伽娜十一 莎摩訶揭底十二 娑婆婆毗輸底十三 摩訶娜耶十四 波唎婆

唎莎訶十五

若有自書寫、教人書寫是无量壽經典，有能護持供養，即如供養一切

十方佛土如來，无有別異。陀羅尼曰：

南謨薄伽勃底一 阿波唎蜜多二 阿喻紇硯娜三 須毗你悉指陀四 囉佐耶五 怛他羯他耶六 怛姪他七

薩婆桑悉迦羅八 波唎輸底九 達磨底十 伽伽娜十一 莎摩訶揭底十二 薩婆婆毗輸底十三 摩訶娜耶十四

波唎婆唎莎訶十五

布施力能成正覺　悟布施力人師子　布施力能聲普聞　慈悲階漸最能入

持戒力能成正覺　悟持戒力人師子　持戒力能聲普聞　慈悲階漸最能入

忍辱力能成正覺　悟忍辱力人師子　忍辱力能聲普聞　慈悲階漸最能入

精進力能成正覺　悟精進力人師子　精進力能聲普聞　慈悲階漸最能入

禪定力能成正覺　悟禪定力人師子　禪定力能聲普聞　慈悲階漸最能入

智慧力能成正覺　悟智慧力人師子　智慧力能聲普聞　慈悲階漸最能入

今時如來說是經已，一切世間天人阿脩羅揵闥婆等，聞佛所

說，皆大歡喜，信受奉行。

說皆大歡喜信受奉行

佛說无量壽宗要經一卷

張良

BD00838 大般若波羅蜜多經鈔（擬）

BD00838v 大般若波羅蜜多經鈔（擬）

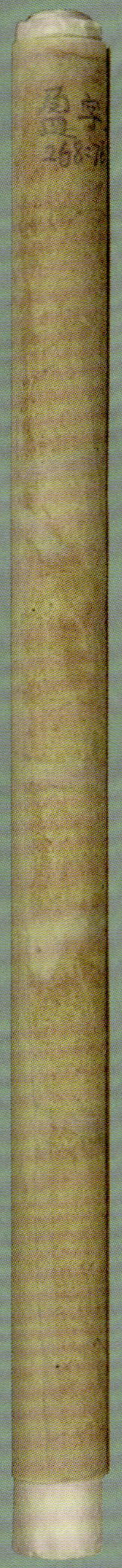

45cm × 31.4cm

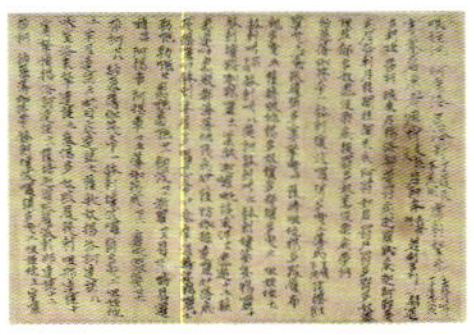

呾姪他 何希洛 屈洛㲉丁履反下悉同 希剌努㫁去聲呼下悉同

窶㮈喏𢊁遮𢊁折文熱反 居阿奔去聲呼 若剎多剎一剎迭

多剎也 莎訶 陝末居鷄洛鄔㬅罰底迦羅跋底迦阿韗奢

底尼莎剌居杜闍杜闍末底 阿罰如尼罰尸罰多罰多奴婆

理尼部多奴悉沒栗底提罰多奴悉沒栗底莎訶

納慕薄伽筏帝一 鉢剌壤波囉弭多曳二 薄底丁履下同 筏㮈𪇭七

羅曳三 㮈跛履弭多寠㛹拏曳四 薩縛呾他揭多跛履布

視多曳五 薩縛呾他揭多奴壤多𨚫壤多曳六 呾姪他七

鉢剌呬第下同 鉢剌呬八 莫訶鉢剌呬九 鉢剌壤娑婆鷄㘑十

鉢剌壤路迦鷄㘑十一 案馱迦羅毗陝末居十二 米盎遮十三 薰

悉達十四悉殿都漫蕖他筏底十五薩陀仿孫達囇底十六薄底

筏㩭囇十七鉢剌婆履多唱悉帝十八叁摩濕縛娑羯囇十九

勃陁勃陁廿悉陁悉陁廿一劍波廿二淅羅廿三呂羅[illegible]嚩呂邏

嚩廿四　阿揭車阿揭車廿五薄伽筏底廿六　磨毗濫娑廿七

莎訶廿八　納慕薄伽筏帝一鉢剌壤波囉弭多曳二呾姪他

三　牟尼達謎六毗目底達謎七薩馱奴揭洛訶達謎八

哶室洛末拏達謎九叁漫多奴跛履筏剌　呾那達謎十

窶拏僧揭洛訶達謎十一薩縛迦羅跛履波剌那達謎十二

莎訶　納慕薄伽筏帝　鉢剌壤波囉弭多曳二呾姪他三室囇

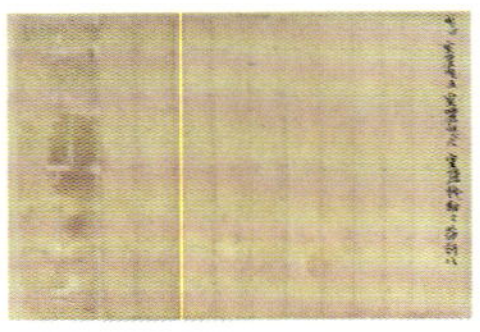

虫〻四 室麗虫五 室麗虫〻六 室麗柚細七 莎訶八

BD00838v　大般若波羅蜜多經鈔（擬）

BD00839

維摩詰所説經卷中

（後秦）鳩摩羅什 譯

810.5cm×26.5cm

何謂病本謂有
攀緣從有攀緣則為病本何所攀緣謂之三
界云何斷攀緣以无所得若无所得則无攀
緣何謂无所得謂二見何謂二見謂內[illegible]
見是无所得文殊師利是為有疾菩薩調伏
其心為斷老病死苦是菩薩菩提若不如是
已所脩治為无恵利辟如勝怨乃可為勇[illegible]
是兼除老病死者菩薩之謂也彼有疾菩薩
應復作是念如我此病非真非有衆生病亦
非真非有作是觀時於諸衆生若起愛見大
悲即應捨離所以者何菩薩斷除客塵煩惱
而起大悲愛見悲者則於[illegible]有疲厭[illegible]
能離此无有疲猒在在所生不為愛見之所
覆也所生无縛能為衆生說法解縛如佛所
說若自有縛能解彼縛无有是處若自无縛
[illegible]

是菩薩解又无方便慧縛有方便慧解无慧
方便縛有慧方便解何謂无方便慧縛謂菩
薩以愛見心莊嚴佛土成就衆生於空无相
无作法中而自調伏是名无方便慧縛何謂
有方便慧解謂不以愛見莊嚴佛土成就衆
生於空无相无作法中以自調伏而不疲猒
是名有方便慧解何謂无慧方便縛謂菩薩
住貪欲瞋恚耶見等諸煩惱而殖衆德本是
名无慧方便縛何謂有慧方便解謂離諸貪
欲瞋恚耶見等諸煩惱而殖衆德本迴向阿
耨多羅三藐三菩提是名有慧方便解文殊
師利彼有疾菩薩應如是觀諸法又復觀身
无常苦空非我是名爲慧雖身有疾常在生
死饒益一切而不猒惓是名方便又復觀身
身不離病病不離身是病是身非新非故是
名爲慧設身有疾而不永滅是名方便文殊

身不離病病不離身是病是身非新非故是
名為慧設身有疾而不永滅是名方便文殊
師利有疾菩薩應如是調伏其心不住其中
亦復不住不調伏心所以者何若住不調伏
心是愚人法若住調伏心是聲聞法是故菩
薩不當住於調伏不調伏心離此二法是菩
薩行在於生死不為汙行住於涅槃不永滅
度是菩薩行非凡夫行非賢聖行是菩薩行
非垢行非淨行是菩薩行是菩薩行雖過魔行而現降
衆魔是菩薩行求一切智无非時求是菩薩
行雖觀諸法不生而不入正位是菩薩行雖
觀十二緣起而入諸耶見是菩薩行雖攝一
切衆生而不愛著是菩薩行雖樂遠離而不
依身心盡是菩薩行雖行三界而不壞法性
是菩薩行雖行於空而殖衆德本是菩薩行

是菩薩行雖行六波羅蜜而遍知衆生心心
數法是菩薩行雖行六通而不盡漏是菩薩
行雖行四无量心而不貪著生於梵世是菩
薩行雖行禪定解脫三昧而不隨禪生是菩
薩行雖行四念處而不永離身受心法是菩
薩行雖行四正勤而不捨身心精進是菩薩
行雖行四如意足而得自在神通是菩薩行
雖行五根而分別衆生諸根利鈍是菩薩行
雖行五力而樂求佛十力是菩薩行雖行七
覺分而分別佛之智慧是菩薩行雖行八正
道而樂行无量佛道是菩薩行雖行正觀助
道之法而不畢竟隨於寂滅是菩薩行雖行
諸法不生不滅而以相好莊嚴身其是菩薩莊
行雖現聲聞辟支佛威儀而不捨佛法是菩
薩行雖觀諸法隨究竟淨相而隨所應為現
其身是菩薩行雖觀諸佛國土永寂如空而

薩行雖觀諸法隨究竟淨相而隨所應為現
其身是菩薩行雖觀諸佛國土永寂如空而
現種種清淨佛土是菩薩行雖得佛道轉于
法輪入於涅槃而不捨於菩薩之道是菩薩
行說是語時文殊師利所將大衆其中八千
天子皆發阿耨多羅三藐三菩提心

不可思議品第六

尒時舍利弗見此室中无有牀坐作是念斯
諸菩薩大弟子衆當於何坐長者維摩詰知
其意語舍利弗言云何仁者為法來耶求牀
坐耶舍利弗言我為法來非為牀坐維摩詰
言唯舍利弗夫求法者不貪軀命何況牀坐
夫求法者非有色受想行識之求非有界入
之求非有欲色无色之求唯舍利弗夫求法
者不著佛求不著法求不著衆求夫求法者

脩道是則戲論非求法也唯舍利弗法名寂
滅若行生滅是求生滅非求法也法名无染
若染於法乃至涅槃是則染著非求法也法
无行處若行於法是則行處非求法也法无
取捨若取捨法是則取捨非求法也法无處
所若著處所是則著處非求法也法名无相
若隨相識是則求相非求法也法不可住若
住於法是則住法非求法也法不可見聞覺
知若行見聞覺知是則見聞覺知非求法也
法名无為若行有為是求有為非求法也是
故舍利弗若求法者於一切法應无所求說
是語時五百天子於諸法中得法眼淨
尒時長者維摩詰問文殊師利仁者遊於无
量千万億阿僧祇國何等佛土有好上妙功
德成就師子之坐文殊師利言居士東方度

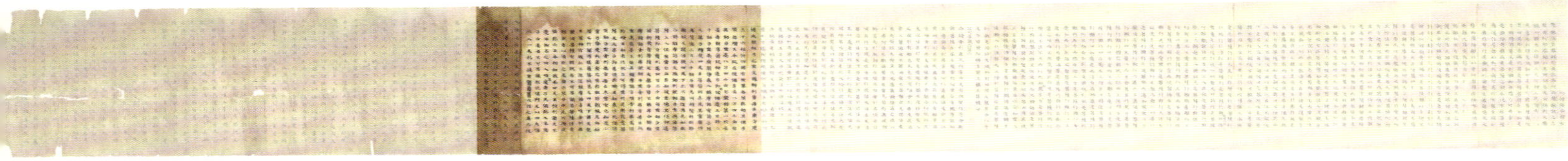

德成就師子之坐文殊師利言居士東方度
三十六恒河沙國有世界名須弥相其佛号
須弥燈王今現在彼佛身長八万四千由旬
其師子坐高八万四千由旬嚴餝第一於是
長者維摩詰現神通力即時彼佛遣三万二
千師子坐高廣嚴淨来入維摩詰室諸菩薩
大弟子釋梵四天王等昔所未見其室廣博
悉苞容三万二千師子坐无所妨閡於毗耶
離城及閻浮提四天下亦不迫迮悉見如故
尒時維摩詰語文殊師利就師子坐與諸菩
薩上人俱坐當自立身如彼坐像其得神通
菩薩即自變形爲四万二千由旬坐師子坐
諸新發意菩薩及大弟子皆不能昇尒時維
摩詰語舍利弗就師子坐舍利弗言居士此
坐高廣吾不能昇維摩詰言唯舍利弗爲須
弥燈王如来作礼乃可得坐於是新發意菩

坐師子坐舍利弗言居士未曾有也如是小
室乃容受此高廣之坐於毗耶離城无所妨
閡又於閻浮提聚落城邑及四天下諸天龍
王鬼神宮殿亦不迫迮維摩詰言唯舍利弗
諸佛菩薩有解脱名不可思議若菩薩住是
解脱者以須弥之高廣内芥子中无所增減
須弥山王本相如故而四天王忉利諸天不
覺不知己之所入唯應度者乃見須弥入芥應
子中是名不可思議解脱法門又以四大海
水入一毛孔不嬈魚鼈黿鼉水性之屬而彼
水性之屬而汝大海本相如故諸龍鬼神阿
脩羅等不覺不知己之所入於此衆生亦无
所嬈又舍利弗住不可思議解脱菩薩斷取
三千大千世界如陶家輪著右掌中擲過恒河
沙世界之外其中衆生不覺不知己之所往

BD00839　維摩詰所説經卷中

三千大千世界如陶家輪著右掌中擲過恒河
沙世界之外其中衆生不覺不知己之所往
又復還置本處都不使人有往來想而此世
界本相如故又舍利弗或有衆生樂久住世
而可度者菩薩即演七日以為一劫令彼衆
生謂之一劫或有衆生不樂久住而可度者
菩薩即促一劫以為七日令彼衆生謂之七
日又舍利弗住不可思議解脫菩薩以一切佛
土嚴飾之具集在一國示於衆生又菩薩以
一佛土衆生置之右掌飛到十方遍示一切而不
動本處又舍利弗十方衆生供養諸佛之具
菩薩於一毛孔皆令得見又舍利弗十方國
土所有日月星宿菩薩於一毛孔普使見之又舍利
弗十方世界所有諸風[illegible]

摧折又十方世界劫燒
時以一切火內於腹中火事如故而不為害又
於下方過恒河沙等諸佛世界取一佛土舉著
上方過恒河沙無數世界如持針鋒舉一棗葉
而無所嬈又舍利弗住可思議解脫菩薩能以
神通現作佛身或現辟支佛身或現聲聞身或
現帝釋身或現梵王身或現世主身或現轉輪
聖王身又十方世界所有眾聲上中下音皆能
變之令作佛聲演出苦空無常無我之音及
十方諸佛所說種種之法於其中普令得
聞舍利弗我今略說菩薩不可思議解脫之
力若廣說者窮劫不盡是時大迦葉聞說不
菩薩不可思議解脫法門歎未曾有謂舍利
弗譬如有人於盲者前現眾色像非彼所見一切

所譬如有人於盲者前現衆色像非彼所見一切
聲聞〻是不可思議解脫法門不能解了為如
此也智者聞是其誰不發阿耨多羅三藐三
菩提心我等何為永絕其根於此大乘已如敗
種一切聲聞〻是不可思議解脫法門皆應號
泣聲震三千大千世界一切菩薩應大欣慶
頂受此法若有菩薩信解不可思議解脫法
門者一切魔衆无如之何大迦葉說是語時
三万二千天子皆發阿耨多羅三藐三菩提
心尒時維摩詰語大迦葉仁者十方无量阿
僧祇世界中作魔王者多是住不可思議解
脫菩薩以方便力教化衆生現作魔王又迦
葉十方无量菩薩或有人從乞手足耳鼻頭目

衣服飲食如此乞者多是住不可思議解脫菩
薩以方便力而往試之令其堅固所以者何
住不可思議解脫菩薩有威德力故行逼迫
示如此事凡夫下劣无有勢力不能如是逼
迫菩薩譬如龍象蹴踏非驢所堪是名住不
可思議解脫菩薩智慧方便之門

觀衆生品第七

尒時文殊師利問維摩詰言菩薩云何觀於
衆生維摩詰言譬如幻師見所幻人菩薩觀
衆生為若此如智者見水中月如鏡中見中
其面像如熱時炎如呼聲響如空中雲如水
聚沫如水上泡如芭蕉堅如電久住如第五
大如第六陰如第七情如十三入如十九界

大如第六陰如第七情如十三入如十九界
菩薩觀衆生爲若此如无色界色如焦穀牙
如須陁洹身見如阿那含入胎如阿羅漢三毒
如得忍菩薩貪恚毀禁如佛煩惱習如盲者
見色如入滅盡定出入息如空中鳥迹如石
女兒如化人煩惱如夢所見已悟如滅度者
受身如无烟之火菩薩觀衆生爲若此文殊
師利言菩薩作是觀者云何行慈維摩詰言
菩薩作是觀已自念我當爲衆生說如斯法
是則真實慈也行寂滅慈无所生故行不熱
慈无煩惱故行等之慈等三世故行无諍慈
无所起故行不二慈內外不合故行不壞慈
畢竟盡故行堅固慈心无毀壞故行清淨慈諸

破結賊故行菩薩慈安眾生故行如來慈得
如相故行佛之慈覺眾生故行自然慈无因
得故行菩提慈等一味故行无等慈斷諸愛
故行大悲慈導以大乘故行无猒慈觀空无
我故行法施慈无遺惜故行持戒慈化毀禁
故行忍辱慈護彼我故行精進慈荷負眾生故
行禪之慈不受物味故行知慧慈无不知時故行
方便慈一切示現故行无隱慈直心清淨故
行深心慈无雜行故行不誑慈无虛假故行
安樂慈令得佛樂故菩薩之慈如此也文殊
師利又問何謂為悲答曰菩薩所作功德皆
与一切眾生共之何謂為喜答曰有所饒益
歡喜不悔何謂為捨答曰所作福祐无所悕
望文殊師利又問生死有畏菩薩當何所依

坐文殊師利又問生死有畏菩薩當何所依
維摩詰言菩薩於生死畏中當依如來[功德]
之力文殊師利又問菩薩欲依如來功德之力當
於何住答曰菩薩欲依如來功德之力當
住度脫一切眾生又問欲度眾生當何所除
答曰欲度眾生除其煩惱又問欲除煩惱當
何所行答曰當行正念又問云何行於正念[答]
[曰]當行不生不滅又問何法不生何法不滅答
曰不善不生善法不滅又問善不善孰為本
答曰身為本又問身孰為本答曰欲貪為本
又問欲貪孰為本答曰虛妄分別為本又問
虛妄分別孰為本答曰顛倒想為本又問顛
倒想孰為本答曰無住為本又問無住孰為
本答曰無住則無本文殊師利從無住本立
一切

所說法便現其身即以天華散諸菩薩大弟子上
華至諸菩薩即皆墮落至大弟子便著不墮
一切弟子神力去華不能令去爾時天問舍
利弗何故去華答曰此華不如法是以去之
天曰勿謂此華為不如法所以者何此華无所
分別仁者自生分別想耳若於佛法出家有
所分別為不如法若无分別是則如法觀諸
菩薩華不著者以斷一切分別想故譬如人
畏時非人得其便如是弟子畏生死故色聲
香味觸得其便以離畏者一切五欲无能為
也結習未盡華著身耳結習斷者華不著也
舍利弗問天止此室其已久如答曰我止此
室如耆年解脫舍利弗言止此久耶天曰耆
年解脫亦何如久舍利弗嘿然不答天曰如
何耆舊大智而嘿答曰解脫者无所言說故

年解脫，亦何如久。舍利弗嘿然不荅。天曰：如
何耆舊大智而嘿。荅曰：解脫者无所言說，故
吾於是不知所云。天曰：言說文字皆解脫相。
所以者何？解脫者不內不外不在中間，文字
亦不內不外不在中間，是故舍利弗无離文
字說解脫也。所以者何？一切諸法悉皆平等
是解脫相。舍利弗言：不復以離婬怒癡為解
脫乎？天曰：佛為增上慢人說離婬怒癡為解
脫耳。若无增上慢者，佛說婬怒癡性即是解
脫。舍利弗言：善哉善哉，天女。汝何所得，以何為
證，辯乃如是？天曰：我无得无證，故辯乃如是。
若有得有證者，則於佛法為增上慢。舍利弗
問天：汝於三乘為何志求？天曰：以聲聞法化

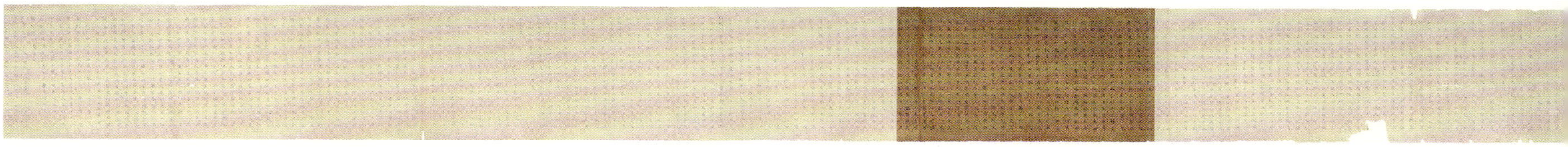

辟支佛以大悲化衆生故我為大乘舍利弗
如人入瞻蔔林唯嗅瞻蔔不嗅餘香如是若
入此室但聞佛功德之香不樂聞辟支佛
功德香也舍利弗有釋梵四天王諸天龍鬼
神等入此室者聞斯上人講說正法皆樂佛
功德之香發心而出舍利弗吾止此室十有
二年初不聞說辟支佛法但聞菩薩大慈大
悲不可思議諸佛之法舍利弗此室常現八
未曾有難得之法何等為八此常有金色光
照晝夜无異不以日月所照為明是為一味
曾有難得之法入此室者不為諸垢之所惱
也是為二未曾有難得之法此室常有梵釋
四天王他方菩薩來會不絕是為三未曾有
難得之法此室常說六波羅蜜不退轉法是
為四未曾有難得之法此室常作人弟一之

難得之法此室常說六波羅蜜不退轉法是
為四未曾有難得之法此室常作人弟一之
樂絃出无量法化之聲是為五未曾有難得
之法此室常有大四寶藏賙窮濟乏求之无
盡是為六未曾有難得之法此室釋迦牟尼
佛阿弥陀佛阿閦佛寶德寶積寶月寶嚴難
勝師子響一切利成如是等十方无量諸佛
是上人念時即皆為來廣說諸佛祕要法藏
說已還去是為七未曾有難得之法此室一
切諸天宮壂諸佛淨土皆於中現是為八未
曾有難得之法舍利弗此室常現八未曾有
難得之法誰有見斯不思議事而復樂于聲
聞法乎舍利弗言汝何以不轉女身天曰我
從十二年來求女人相了不可得當何所轉
譬如幻師化作幻女若有人問汝何以不轉

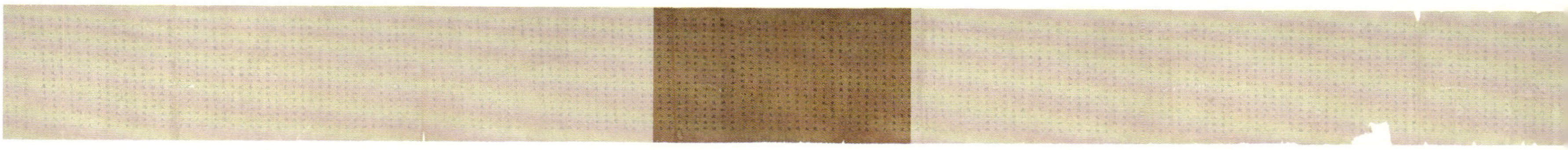

女身是人為正問不舍利弗言不
相當何所轉天曰一切諸法亦復如是无有
定相云何乃問不轉女身即時天女以神通力
變舍利弗令如天女天自化身如舍利弗而
問言何以不轉女身舍利弗以天女像而荅
言我今不知何轉而變為女身天曰舍利弗若
能轉此女身則一切女人亦當能轉如舍利弗
非男非女而現女身一切女人亦復如是唯現
女身而非女也是故佛說一切諸法非男非女
即時天女還攝神力舍利弗身還復如故天問
舍利弗女身色相今何所在舍利弗言女身色
相无在无不在天曰一切諸法亦復如是无在
无不在无不在夫无在无不在者佛所說也舍
利弗問天汝於此沒當生何所天曰佛化所生

BD00839　維摩詰所說經卷中

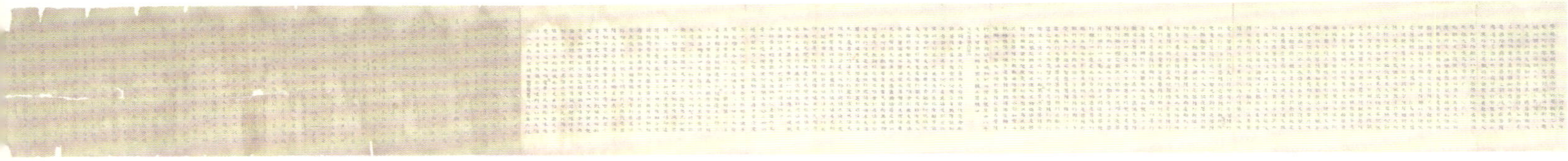

利弗問天汝於此沒當生何所天曰佛化所生
吾如彼生曰佛化所生非沒生也天曰衆生猶
然无沒生也舍利弗問天汝久當得阿耨羅三
藐三菩提天曰如舍利弗還為凡夫我乃當成
阿耨多羅三藐三菩提心舍利弗言我作凡夫
无有是處天曰我得阿耨多羅三藐三菩提亦
无是處所以者何菩提无住處是故无有得者
舍利弗言今諸佛得阿耨多羅三藐三菩提已
得當得如恒河沙皆謂何乎天曰皆以世俗文字
數故說有三世非謂菩提有去來今天曰舍利
弗汝得阿羅漢道也曰无所得故而得天曰諸
佛菩薩尒復如是无所得故而得尒時維摩詰
語舍利弗是天女已曾供養九十二億佛已能
遊戲菩薩神通所願具足得无生忍住不退轉

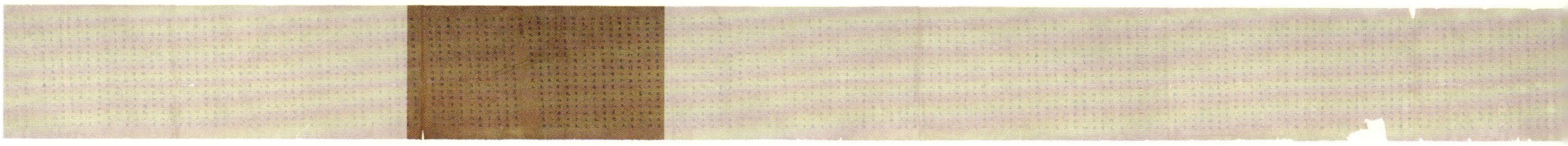

以本願故隨意能現教化眾

佛道品第八

尒時文殊師利問維摩詰言菩薩云何通達佛
道維摩詰言若菩薩行於非道是為通達佛
道又問云何菩薩行於非道荅曰若菩薩行
五无間而无悩恚至于地獄而无罪垢至于
畜生无有无明憍慢等過至于餓鬼而具足
功德行色无色界道不以為勝示行貪欲離
諸染著示行瞋恚於諸眾生无有恚㝵示行
愚癡而以智慧調伏其心示行慳貪而捨內
外所有不惜身命示行毀禁而安住淨戒乃
至小罪猶懷大懼示行瞋恚而常慈忍示行
懈怠而懃修功德示行乱意而常念定示行

BD00839　維摩詰所說經卷中

懈怠而懃脩功德，示行亂意而常念定，示行
愚癡而通達世間出世間慧，示行諂偽而善方便
隨諸經義，示行憍慢而於衆生猶如橋梁，示
行諸煩惱而心常清淨，示入於魔而順佛智
慧不隨他教，示入聲聞而為衆生說未聞法，
示入辟支佛而成就大悲教化衆生，示入貧
窮而有寶手功德无盡，示入形殘而具諸好
相以自莊嚴，示入下賤而生佛種姓中具諸
功德，示入羸劣醜陋而得那羅延身，一切衆
生之所樂見，示入老病而斷永病根越超
死畏，示有資生而恒觀无常實无所貪，示有
妻子婇女而常遠離五欲淤泥，現於訥鈍而
成就辯才總持不失，示入邪濟而以正濟度

槃而不斷生死文殊師利菩薩能如是行於
非道是為通達佛道於是維摩詰問文殊師利
何等為如來種文殊師利言有身為種无明
有愛為種貪恚癡為種四顛倒為種五蓋為
種六入為種七識處為種八邪法為種九惱
處為種十不善道為種以要言之六十二見
及一切煩惱皆是佛種曰何謂也答曰若見无
為入正位者不能復發阿耨多羅三藐三菩
提心譬如高原陸地不生蓮花卑濕污泥乃
生此華如是見无為法入正位者終不復能生
於佛法煩惱泥中乃有衆生起佛法耳又如
殖種於空終不得生糞壤之地乃能滋茂如
是入无為法正位者不生佛法起於我見如須
彌山猶能發于阿耨多羅三藐三菩提心生
佛法是故當知一切煩惱為如來種譬如

須弥山猶能發于阿耨多羅三藐三菩提心生
佛法矣是故當知一切煩惱為如來種辟如
不下巨海則不能得如意寶珠如是不入煩
惱大海則不能得一切智寶尒時大迦葉
嘆言善〻哉〻文殊師利快說是語誠如所
言塵勞之疇為如來種我等今者不復堪任
發阿耨多羅三藐三菩提心乃至五无間罪
猶能發意而今我等永不能發无上道心辟如根敗之士
其於五欲不能復利如是聲聞諸結斷者於
佛法中无所復益永不志願是故文殊師利
凡夫於佛法有返復而聲聞无也所以者何凡
夫聞佛法能起无上道心不斷三寶正使
聲聞終身聞佛法力无畏等永不能發无上
意尒時會中有菩薩名普現色身問維摩

詰言士居父母妻子親族眷屬使民知識悉
為是誰奴婢僮僕象馬車乘皆何所在於是
維摩詰以偈答曰
智度菩薩母　方便以為父　一切眾導師　无不由是生
法喜以為妻　慈悲心為女　善心誠實男　畢竟空寂舍
弟子眾塵勞　隨意之所轉　道品善知識　由是成正覺
諸度法等侶　四攝為伎女　歌詠誦法言　以此為音樂
總持之園苑　无漏法林樹　覺意淨妙華　解脫智慧果
八解之浴池　定水湛然滿　布以七淨華　浴此无垢人
象馬五通馳　大乘以為車　調御以一心　遊於八正路
相具以嚴容　眾好飾其姿　慚愧之上服　深心為華鬘
富有七財寶　教授以滋息　如所說修行　迴向為大利
四禪為床坐　從於正命生　多聞增智慧　以為自覺音
甘露法之食　解脫味為漿　淨心以澡浴　戒品為塗香

甘露法之食　解脫味為漿　淨心以澡浴　戒品為塗香
摧滅煩惱賊　勇健无能踰　降伏四種魔　勝幡建道場
雖知无起滅　示彼故有生　悉現諸國土　如日无不見
供養於十方　无量億如來　諸佛及己身　无有分別相
雖知諸佛國　及与眾生空　而常脩淨土　教化諸郡生
諸有眾生類　形聲及威儀　无畏力菩薩　一時能盡現
覺知眾魔事　而以隨其行　以善方便知　隨意皆能現
或現老病死　成就諸群生　了知如幻化　通達无有㝵
或現劫盡燒　天地皆同然　眾生有常想　照令知无常
无數億眾生　俱來請菩薩　一時到其舍　化令入佛道
經書禁呪術　工巧諸伎藝　盡現行此事　饒益諸郡生
世間眾道法　悉於中出家　因以解人惑　而不墮邪見
或作日月天　梵王世界主　或時作地水　或復作風火
劫中有疾疫　現作諸藥草　若有服之者　除病消眾毒
先救彼飢渴　卻以法語人

劫中有刀兵 為之起慈悲 化彼諸衆生 令住无諍地
若有大戰陣 立之以等力 菩薩現威勢 降伏使和安
一切國土中 諸有地獄處 輒往到于彼 勉濟其苦惱
一切國土中 畜生相食噉 皆現生於彼 為之作利益
示受於五欲 亦復現行禪 令魔心憒亂 不能得其便
火中生蓮花 是可謂希有 在欲而行禪 希有亦如是
或現作婬女 引諸好色者 先以欲鉤牽 後令入佛智
或作邑中主 或作商人導 國師及大臣 以祐利衆生
諸有貧窮者 現作无盡藏 因以勸導之 令發菩提心
我心憍慢者 為現大力士 消伏諸貢高 令住无上道
其有恐懼衆 居前而慰安 先施以无畏 後令發道心
或現離婬欲 為五通仙人 開導諸群生 令住戒忍慈
現須供事者 現為作僮僕 既悅可其意 乃發以道心
隨彼之所須 得入於佛道 以善方便力 皆能給足之

隨彼之所須　得入於佛道　以善方便力　皆能給足之
如是道无量　所行无有崖　智慧无邊際　度脫无數衆
假令一切佛　於无數億劫　嘆讃其功德　猶尚不能盡
誰聞如是法　不發菩提心　除彼不肖人　癡冥无智者

入不二法門品第九

尒時維摩詰謂衆菩薩言諸仁者云何菩薩
入不二法門各隨所樂說之會中有菩薩名法
自在說言諸仁者生滅為二法本不生今則
无滅得此无生法忍是為入不二法門
德守菩薩曰我我所為二因有我故便有我
所若无有我則无我所是為入不二法門
不眴菩薩曰受不受為二若法不受則不可得
以不可得故无取无捨无作无行是為入不二
門　德頂菩薩曰垢淨為二見垢實性則

无淨相傾於滅相是爲入不二法門
善薩曰是動是念爲二不動則无念〻〻則无分
别通達此者是爲入不二法門 善眼菩薩
曰一相无相爲二若知一相即是无相亦不可取
无相入於平等是爲入不二法門 妙臂菩
薩曰菩薩心聲聞心爲二觀心性空如幻化者
无菩薩心无聲聞心是爲入不二法門 弗
沙菩薩曰善不善爲二若不起善不善入无相
際入通達者是爲入不二法門 師子吼菩
薩曰福罪福爲二若達罪性則与福无異以金
剛慧決了此相无縛无觧者是爲入不二法門
師子意菩薩曰有漏无漏爲二若得諸法等則
不起漏不漏相不著於相亦不住无相是爲入不二
法門淨觧菩薩曰有爲无爲爲二若離一切數

不起漏无漏相不著於相亦不住无相是為入不二
法門淨解菩薩曰有為无為為二若離一切數
則心如虛空以清淨慧无所㝵者是為入不二法
門　那羅延菩薩曰世間出世間為二世
間性空即是出世間於其中不入不出不溢不
散是為入不二法門　善意菩薩曰生死涅槃
為二若見生死性則无生死无縛无解不然
不滅如是解者是為入不二法門　現見菩
薩曰盡不盡為二法若究竟盡若不盡皆是无
盡相无盡相者則是空空則无有盡不盡相如
是入者是為入不二門法　普守菩薩曰我无
我為二我尚不可得非我何可得見我實性者不
復起二是為入不二法門　電天菩薩曰明无
明為二无明實性即是明明亦不可取離一切數

於其中平等无二者是為入不二法門喜見
菩薩曰色色空為二色即是空非色滅空識(色)
性自性空如是受想行識識空為二識即是空
非識滅空識性自空於其中而通達者是為入
不二法門　明相菩薩曰四種異空種異
為二四種性即是空種性如前際後際空故
中際亦空若能如是知諸種相者是為入不二
法門　妙意菩薩曰眼色為二若知眼性於色
不貪不恚不癡是名寂滅如是香鼻舌味身
觸意法為二若知意性於法不貪不恚不癡
是名寂滅安住其中是為入不二法門
无盡意菩薩曰布施迴向一切智為二布施
性即是迴向一切智性如是持戒忍辱精進
禪定智慧迴向一切智為二智慧性即是迴

性即是迴向一切智性如是持戒忍辱精進
禪定智慧迴向一切智為二智慧性即是迴
向一切智性於其中入一相者是為入不二
法門　深慧菩薩曰是空是无相无作為二空
即是无相〻〻即是无作若空无相无作則无
心意識於一解脫門即是三解脫門者是為
入不二法門　寂根菩薩曰佛法衆為二
佛即是法〻即是衆是三寶皆无為相与虛
空等一切法亦尒能隨此行者是為入不二
法門　心无尋菩薩曰身滅為二身即是身
滅所以者何見身實相者不起見身及見滅
身〻与滅身无二无分別於其中不驚不懼
者是為入不二法門　上善菩薩曰身口意
善為二是三業皆无作相身无作相即口无
作相口无作相即意无作相是三業无作相

[illegible]无作意者是為入
不二法門　福田菩薩曰福行罪行不動行為二三
行實性即是空﹔則无福行无罪行无不動行於此
三行而不起者是為入不二法門　華嚴菩
薩曰從我起為二見我實相者不起二法若
不住二法則无有識无所識者是為入不二
法門　德藏菩薩曰有所得相為二若无所
得則无取捨无取捨者是為入不二法門
月上菩薩曰闇与明為二无闇无明則无有二
所以者何如入滅受想、行定識无无闇无明一切法
相亦復如是於其中平等入者是為入不二法
門　寶印首菩薩樂涅槃不樂世間為二若
不樂涅槃不厭世間則无有二所以者何若
有縛則有解若本无縛□誰求解无縛无解

BD00839　維摩詰所説經卷中

……有……二所以者何若
有縛則有解若本无縛……誰求解无縛无解
則无樂厭能如是者是為入不二法門
珠頂王菩薩曰正道邪道為二住正道者則
不分別是邪是正離此二者是為入不二法門
樂實菩薩曰實不實為二實見者尚不見實
何況非實所以者何非肉眼所見慧眼乃能
見而此慧眼无見无不見是為入不二法門
如是諸菩薩各〻說已問文殊師利何等是
菩薩入不二法門文殊師利曰如我意者於
一切法无言无說无示无識離此諸問答是
為入不二法門於是文殊師利問維摩詰言我等各自說
已仁者當說何等是菩薩入不二法門時維
摩詰嘿然无言文殊師利嘆曰善〻哉〻乃
至无有文字語言是真入不二法門說是入

不二法時於此衆中五千菩[illegible]皆入不二法

門得无生法忍

維摩詰經卷第二

BD00839　維摩詰所説經卷中

BD00840 妙法蓮華經卷七

（後秦）鳩摩羅什 譯

596.1cm × 25.5cm

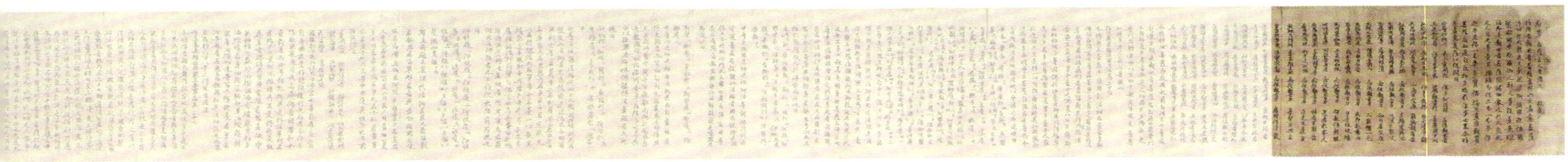

觀世音菩薩言人者愍我等故受此
時佛告觀世音菩薩當愍此无盡意菩薩
及四衆天龍夜叉乾闥婆阿脩羅迦樓羅
緊那羅摩睺羅伽人非人等故受是瓔
珞即是觀世音菩薩愍諸四衆及於天龍夜
叉人非人等受其瓔珞分作二分一分奉釋
迦牟尼佛一分奉多寶佛塔无盡意觀世音
菩薩有如是自在神力遊於娑婆世界尒時
无盡意菩薩以偈問曰
世尊妙相具　我今重問彼　佛子何因緣　名為觀世音
具足妙相尊　偈荅无盡意　汝聽觀音行　善應諸方所
弘誓深如海　歷劫不思議　侍多千億佛　發大清淨願

我為汝略說　聞名及見身　心念不空過　能滅諸有苦
假使興害意　推落大火坑　念彼觀音力　火坑變成池
或漂流巨海　龍魚諸鬼難　念彼觀音力　波浪不能沒
或在須彌峯　為人所推墮　念彼觀音力　如日虛空住
或被惡人逐　墮落金剛山　念彼觀音力　不能損一毛
或值怨賊繞　各執刀加害　念彼觀音力　咸即起慈心
或遭王難苦　臨刑欲壽終　念彼觀音力　刀尋段段壞
或囚禁枷鎖　手足被杻械　念彼觀音力　釋然得解脫
呪詛諸毒藥　所欲害身者　念彼觀音力　還著於本人
或遇惡羅剎　毒龍諸鬼等　念彼觀音力　時悉不能害
若惡獸圍繞　利牙爪可怖　念彼觀音力　疾走無邊方
蚖蛇及蝮蝎　氣毒煙火燃　念彼觀音力　尋聲自迴去
雲雷鼓掣電　降雹澍大雨　念彼觀音力　應時得消散

雲雷鼓掣電　降雹澍大雨　念彼觀音力　應時得消散
衆生被困厄　无量苦逼身　觀音妙智力　能救世間苦
具足神通力　廣脩智方便　十方諸國土　无剎不現身
種種諸惡趣　地獄鬼畜生　生老病死苦　以漸悉令滅
真觀清淨觀　廣大智慧觀　悲觀及慈觀　常願常瞻仰
无垢清淨光　慧日破諸闇　能伏災風火　普明照世間
悲體戒雷震　慈意妙大雲　澍甘露法雨　滅除煩惱炎
諍訟經官處　怖畏軍陣中　念彼觀音力　衆怨悉退散
妙音觀世音　梵音海潮音　勝彼世間音　是故常須念
念念勿生疑　觀世音淨聖　於苦惱死厄　能為作依怙
具一切功德　慈眼視衆生　福聚海无量　是故應頂礼
尒時持地菩薩即從座起前白佛言世尊若
有衆生聞是觀世音菩薩品自在之業普門
示現神通力者當知是人功德不少佛說是

普門品時眾中八万四千眾生皆發无等等
阿耨多羅三藐三菩提心

妙法蓮華經陁羅尼品第二十六

尒時藥王菩薩即從座起偏袒右肩合掌向
佛而白佛言世尊若善男子善女人有能受持法
華經者若讀誦通利若書寫經卷得幾所福佛
告藥王若善男子善女人供養八百万億那
由他恒河沙等諸佛於汝意云何其所得福寧
為多不甚多世尊佛言若善男子善女人能
於是經乃至受持一四句偈讀誦解義如說修行
功德甚多尒時藥王菩薩白佛言世尊我今
當與說法者陁羅尼呪以守護之即說呪曰
安尒一 曼尒二 摩祢三 摩摩祢四 旨隸五 遮梨
第六 賒咩羊鳴音七 賒履冈雉反 多瑋八 羶輸千反帝九 目帝十

第六睒咩羊鳴音七 睒履反因雉 多埤八 鞞反輸于帝九 目帝十
目多履十一 婆履十二 阿埤婆履十三 棄履十四 沙女履
十五 叉高十六 阿叉高十七 耆膩十八 鞞帝十九 睒履二十
阿羅尼廿一 阿盧伽婆娑蘇柰反 箄蔎毗叉膩二十二 祢
毗剃二十三 阿便哆都飯反 羅祢履剃二十四 阿亶哆波隸
輸地途責反 漚究隸二十六 牟究隸二十七 阿羅隸二十八 波
羅隸二十九 首迦差初几反三十 阿三磨三履三十一 佛馱毗吉
利袠帝三十二 達磨波利差反倩離帝三十三 僧伽涅瞿
沙祢三十四 婆舍婆舍輸地三十五 曼哆邏三十六 曼哆邏
叉夜多三十七 郵樓哆三十八 郵樓哆憍舍略三十九 惡叉邏四十
惡叉冶多冶四十一 阿婆盧四十二 阿摩若荏蔗反 那多夜四十三
世尊是陁羅尼神呪六十二億恒河沙等諸
佛所說若有侵毀此法師者則為侵毀是諸
佛已時釋加牟佛讚藥王菩薩言善哉善

哉藥王汝愍念擁護此法師故說是陁羅尼於
諸衆生多所饒益尒時勇施菩薩白佛言世
尊我亦為擁護讀誦受持法華經者說陁羅
尼若此法師得是陁羅尼若夜叉若羅剎若
富單那若吉蔗若鳩槃荼若餓鬼等伺求其
短无能得便即於佛前而說呪曰
痤(誓踝反)隸一　摩訶痤隸二　郁枳三　目枳四　阿隸五　阿
羅婆第六　涅隸第七　涅隸多婆第八　伊緻(楮履反)
柅九　韋緻柅十　旨緻柅十一　涅隸墀柅十二　涅犁墀
婆底十三
世尊是陁羅尼神呪恒河沙等諸佛所說亦
皆隨喜若有侵毀此法師者則為侵毀是諸
佛已尒時毗沙門天王護世者白佛言世尊
我亦為愍念衆生擁護此法師故說是陁羅尼

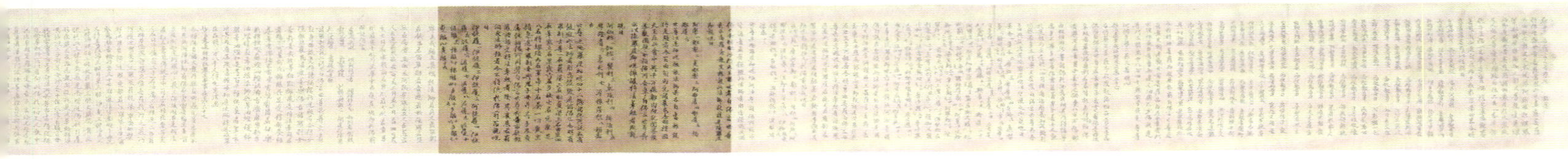

佛已尒時毗沙門天王護世者白佛言世尊
我亦為愍念衆生擁護此法師故說是陀羅尼
即說咒曰
阿梨一 那梨二 㝹那梨三 阿那盧四 那履五 拘
那履六
世尊以是神咒擁護法師我亦自當擁護
持是經者令百由旬内无諸衰患尒時持國
天王在此會中與千万億那由他乾闥婆衆
恭敬圍繞前詣佛所合掌白佛言世尊我
亦以陀羅尼神咒擁護持法華經者即說
咒曰
阿伽祢一 伽祢二 瞿利三 乾陀利四 旃陀利五
摩蹬耆六 常求利七 浮樓莎柅八 頞底
九

世尊是陁羅尼神呪四十二億諸佛所說若有
侵毀此法師者則為侵毀是諸佛已尒時有
羅剎女等一名藍婆二名毗藍婆三名曲齒四
名華齒五名黑齒六名多髮七名无厭足
八名持瓔珞九名睪帝十名奪一切衆生
精氣是十羅剎女與鬼子母并其子及眷
屬俱詣佛所同聲白佛言世尊我等亦欲擁
護讀誦受持法華經者除其衰患若有
伺求法師短者令不得便於佛前而說呪
曰
伊提履一 伊提履二 伊提履三 阿提履四 伊提
履五 泥履六 泥履七 泥履八 泥履九 泥履十
樓醯十一 樓醯十二 樓醯十四 多醯十五 多醯十六 多醯十七
兜醯十八 㝹醯十九

㝹醯十八　㝹醯十九
寧上我頭上莫惱於法師若夜叉若羅剎
若餓鬼若富單那若吉遮若毗陀羅若犍
馱若烏摩勒伽若阿跋摩羅若夜叉吉遮若
人吉遮若熱病若一日若二日若三日若四日若
至七日若常熱病若男形若女形若童男
形若童女形乃至夢中亦復莫惱即於佛前
而說偈言
若不順我呪　惱亂說法者　頭破作七分　如阿梨樹枝
如殺父母罪　亦如壓油殃　斗秤欺誑人　調達破僧罪
犯此法師者　當獲如是殃
諸羅剎女說此偈已白佛言世尊我等亦當
自身擁護受持讀誦脩行是經者令得安

[illegible]佛告諸羅剎女
善哉善哉汝等但能擁護受持法華名
者福不可量何況擁護具足受持供養經
卷華香瓔珞末香塗香燒香幡蓋伎樂
然種種燈蘇燈油燈諸香油燈蘇摩那華
油燈瞻蔔華油燈婆師迦華油燈優鉢
羅華油燈如是等百千種供養者皋帝
汝等及眷屬應當擁護如是法師說是陀羅
尼品時六万八千人得无生法忍

妙法蓮華經妙莊嚴王本事品第二十七

尒時佛告諸大眾乃往古世過无量无邊不
可思議阿僧祇劫有佛名雲雷音宿王華智
多陀阿伽度阿羅呵三藐三佛陀國名光明莊
嚴劫名喜見彼佛法中有王名妙莊嚴其王夫

多陁阿伽度阿羅呵三藐三佛陁國名光明莊
嚴劫名喜見佛彼法中有王名妙莊嚴其王夫
人名曰淨德有二子一名淨藏二名眼是二子有
大神力福德智慧久脩菩薩行所之道所
謂檀波羅蜜尸波羅蜜羼提婆羅蜜毗梨
耶波羅蜜禪波羅蜜般若波羅蜜方便波羅
蜜慈悲喜捨乃至三十七助道法皆悉明了通達
又得菩薩淨三昧日星三昧淨光三昧淨色三
三昧淨照明三昧長莊嚴三昧大威德藏三
昧於此三昧亦悉通達尒時彼佛欲引導
妙莊嚴王及愍念衆生故說是法華經時淨
藏淨眼二子到其母所合十指爪掌白言母
往詣雲雷音宿王華智佛所我等亦當侍從親
近供養禮拜所以者何此佛於一切天人衆中

說法華經宜應聽受母告子言汝父信受外
道深著婆羅門法汝等應往白父與共俱去
淨藏淨眼合十指掌白母我等是法王子而
生此邪見家母告子言汝等當憂念汝父為
現神變若得見者心必清淨或聽我等往至
佛所於是二子念其父故踊在虛空高七多羅樹
現種種神變於虛空中行住坐臥身上出水身
下出火身下出水身上出火或現大身滿虛空
中而復現小小復現大於空中滅忽然在地入
地如水履水如地現如是等種種神變令其
父王心淨信解時父見子神力如是心大歡喜
得未曾有合掌向子言汝等師為是誰誰
之弟子二子白言大王彼雲雷音宿王華智
佛今在七寶菩提樹下法座上坐於一切世間

佛今在七寶菩提樹下法座上坐於一切世間
天人衆中廣說法華經是我等師我是弟子
父語子言我今亦欲見汝等師可共俱往於是
二子從空中下到其母所合掌白母父王今已信
解堪任發阿耨多羅三藐三菩提心我等為
父已作佛事願母見聽於彼佛所出家修道尒
時二子欲重宣其意以偈白母
願母放我等　出家作沙門　諸佛甚難值　我等隨佛學
如優曇波羅　值佛復難是　說諸難亦難　願聽我出家
母即言告聽汝出家所以者何佛難值故於是
二子白父母言善哉父母願時往詣雲雷音
宿王華智佛所親近供養所以者何佛難得
值如優曇波羅華又如一眼之龜值浮木孔
而我等宿福深厚生值佛法是故父母當聽

我等令待出家所以者何諸佛難值時亦難
遇彼時妙庄嚴王後宮八万四千人皆悉堪任
受持是法華經淨眼菩薩於法華三昧久
已通達淨藏菩薩已於无量百千万億劫通
達離諸惡趣三昧欲令一切衆生離諸惡趣
故其王夫人得諸佛習三昧能知諸佛秘密
之藏二子如是以方便力善化其父令心信解
好樂佛法於是妙庄嚴王與羣臣眷屬俱
淨德夫人與後宮采女眷屬俱其王二子與
四万二千人俱一時共詣佛所到已頭面礼足繞
繞佛三帀卻住一面尒時彼佛為王說法示
教利喜王大歡喜尒時妙庄嚴王及其夫人
解頸真珠瓔珞價直百千以散佛上於
虛空中化成四柱寶臺臺中有一大寶床敷

空中化成四柱寶臺臺中有一大寶床敷
百千万天衣其上有佛結跏趺坐放大光明
尒時妙莊嚴王作是念佛身希有端嚴殊特
成就第一微妙之色時雲雷音宿王華智佛
告四衆言汝等見是妙莊嚴王於我前合掌
立不此王於我法中作比丘精勤脩習助佛
道法當得作佛号娑羅樹王國名大光劫名
大高王其娑羅樹王佛有无量菩薩衆及
无量聲聞其國平正功德如是其王即時以國
付弟與夫人二子并諸眷屬於佛法中出家脩
道王出家已於八万四千歲常勤精進脩
行妙法華經過是已後得一切淨功德莊嚴
三昧即昇虛空高七多羅樹而白佛言世尊

此我二子已作佛事以神通變化轉我邪心
令得安住於佛法中得見世尊此二子者
是我善知識為欲起發宿世善根饒益我
故來生我家尒時雲雷音宿王華智佛告妙莊
嚴王言如是如是如汝所言若善男子善女
人種善根故世世得善知識其善知識能
作佛事示教利喜令人阿耨多羅三藐三
菩提大王當知善知識者是大因緣所謂
化導令得見佛發阿耨多羅三藐三菩提
心大王汝見此二子不此二子已曾供養六十
五百千万億那由他恒河沙諸佛親近恭敬
於諸佛所受持法華經愍念邪見衆生令
住正見妙莊嚴王即從虛空中下而白佛言
世尊如來甚希有以功德智慧故頂上肉髻

世尊如来甚希有以功德智慧故頂上肉髻
光明顯照其眼長廣而紺青色眉間豪相
白如珂月齒白齊密常有光明脣色赤好如頻
婆菓尒時妙庄嚴王讚歎佛如是等无量
百千万億功德已於如来前一心合掌復白佛
言世尊未曾有也如来之法具足成就不可
思議微妙功德教戒所行安隱快樂我從今日
不復自隨心行不生邪見憍慢瞋恚諸惡之
心說是語已礼佛而出佛告大衆於意云何
妙庄嚴王豈異人乎今華菩薩是其浄德
夫人今佛前光明庄嚴相菩薩是哀愍妙庄
嚴王及諸眷屬故於彼中生其二子者今藥
王菩薩藥上菩薩是是藥王藥上菩薩成

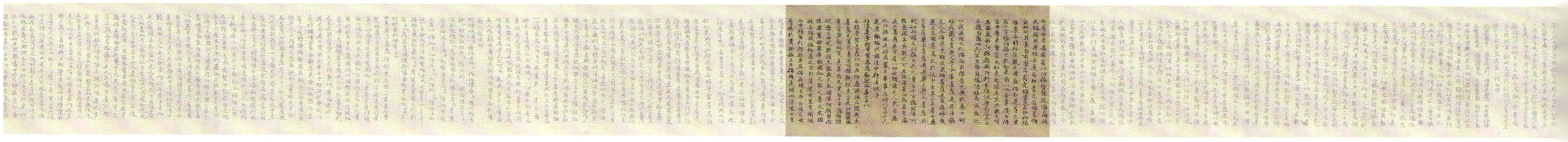

就如此諸大功德已於无量百千万億諸佛所
殖衆德本成就不可思議諸善功德若有人識
是二菩薩名字者一切世間諸天人民亦應
礼拜佛說是妙莊嚴王本事品時八万四千人
遠塵離垢於諸法中得法眼淨

妙法蓮華經普賢菩薩勸發品第二十八

尒時普賢菩薩以自在神通威德名聞與大
菩薩无量无邊不可稱數從東方來所經諸國
普皆震動雨寶蓮華作无量百千万億種種
伎樂又與无數諸天龍夜叉乾闥婆阿脩羅迦
樓羅緊那羅摩睺羅伽人非人等大衆圍
繞各現威德神通之力到娑婆世界耆闍崛
山中頭面礼釋迦牟尼佛右繞七帀白佛言世
尊我於寶威德上王佛國遙聞此娑婆世界

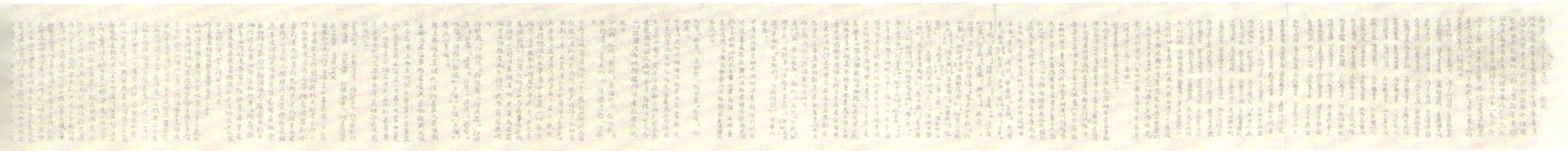

尊我於寶威德上王佛國遥聞此娑婆世界
說法華經與无量无邊百千万億諸菩薩衆
共來聽受唯願世尊當爲說之若善男子
善女人於如來滅後云何能得是法華經佛
告普賢菩薩若善男子善女人成就四法於如
來滅後當得是法華經一者爲諸佛護念
二者殖衆德本三者入正定聚四者發救
一切衆生之心善男子善女人如是成就四法
於如來滅後必得是經尒時普賢菩薩白
佛言世尊於後五百歲濁惡世中其有受
持是經典者我當守護除其衰患令得安隱
使无伺求得其便者若魔若魔子若魔女
若魔民若爲魔所著者若夜叉若羅刹若

鳩槃荼若毗舍闍若吉蔗若富單那若韋
陀羅等諸惱人者皆不得便是人若行若立
讀誦此經我尒時乘六牙白象王與大菩薩
衆俱詣其所而自現身供養守護安慰其心
亦爲供養法華經故是人若坐思惟此經尒
時我復乘白象王現其人前其人若於法華
經有所忘失一句一偈我當教之與共讀誦
還令通利尒時受持讀誦法華經者得見
我身甚大歡喜轉復精進以見我故即得三
昧及陀羅尼名爲旋陀羅尼百千万億旋陀
羅尼世尊若後世後五百歲濁惡世中比丘比
丘尼優婆塞優婆夷求索者受持者讀誦
者書寫者欲脩習者是法華經於三七日中應
一心精進滿三七日已我當乘六牙白象

者書寫者欲脩習者是法華經於三七日中應
一心精進滿三七日已我當乘六牙白象
與无量菩薩而自圍繞以一切衆生所憙見
身現其人前而為說法示教利喜亦復與
其陁羅尼呪得是陁羅尼故无有非人能破
壞者亦不為女人之所惑亂我身亦自常護
是人唯願世尊聽我說此陁羅尼即於佛
前而說呪曰
阿檀地途賣反一 檀陁婆地二 檀陁婆帝三 檀陁鳩舍
隸四 檀陁脩陁隸五 脩陁隸六 脩陁羅婆帝七
佛䭾波羶禰八 薩婆陁羅尼阿婆多尼九 薩婆
婆沙阿婆多尼十 阿脩婆多尼十一 僧伽婆履
叉尼十二 僧伽涅伽陁尼十三 阿僧祇十四 僧伽波伽
地十五 帝隸阿惰僧伽兜略盧遮反 羅帝十 薩婆

伽婆三摩地伽蘭地十七薩婆達磨脩波利剎
帝十八薩婆薩埵樓馱憍舍略阿㝹伽地十九辛
阿毗吉利地帝二十
世尊若有菩薩得聞是陀羅尼者當知普
賢神通之力若法華經行閻浮提有受持者
應作此念皆是普賢威神之力若有受持讀
誦正憶念解其義趣如說脩行當知是行普
賢行於无量无邊諸佛所深種善根為諸如
來手摩其頭但若書寫是人命終當生忉利
天上是時八万四千天女作眾伎樂而來迎之
其人即著七寶冠於采女中娛樂快樂何况
受持讀誦正憶念解其義趣如說脩行若
有人受持讀誦解其義趣是人命終為千佛
授手令不恐怖不墮惡趣即往兜率天上弥

BD00840　妙法蓮華經卷七

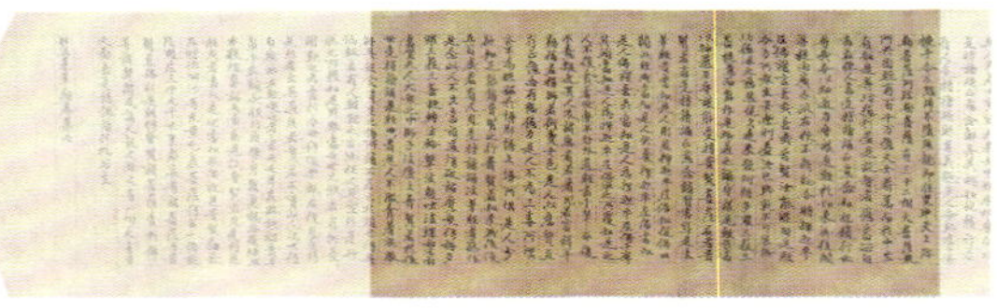

授手令不恐怖不墮惡趣即往兜率天上彌
勒菩薩所彌勒菩薩有三十二相大菩薩眾
所共圍繞有百千万億天女眷屬而於中生
有如是等功德利益是故智者應當一心自
書若使人書受持讀誦正憶念如說脩行世
尊我今以神通力守護是經於如來滅後閻
浮提內廣令流布使不斷絕尒時釋迦牟
尼佛讚言善哉善哉普賢汝能護助是經
令多所眾生安樂利益汝已成就不可思議
功德深大慈悲從久遠來發阿耨多羅三藐三
菩提意而能作是神通之願守護是經我當
以神通力守護能受持普賢菩薩名者普
賢若有受持讀誦正憶念脩習書寫是法
華經者當知是人則見釋迦牟尼佛如從佛口

聞此經典當知是人供養釋迦牟尼佛當知
是人佛讚善哉當知是人為釋迦牟尼佛手摩
其頭當知是人為釋迦牟尼佛衣之所覆如是之
人不復貪著世樂不好外道經書手筆亦復
不喜親近其人及諸惡者若屠兒若畜猪羊
雞狗若獵師若衒賣女色是人心意質直
有正憶念有福德力是人不為三毒所惱
亦不為嫉妬我慢邪慢增上慢所惱是人少
欲知足能脩普賢之行普賢若如來滅後後
五百歲若有人見受持讀誦法華經者應作
是念此人不久當詣道場破諸魔衆得阿耨多
羅三藐三菩提轉法輪擊法鼓吹法螺雨法雨
當坐天人大衆之中師子法座上普賢若於後
世受持讀誦是經典者是人不服貪著衣服

世受持讀誦是經典者是人不服貪著衣服
臥具飲食資生之物所願不虛亦於現世得其
福報若有人輕毀之言汝狂人耳空作是行
終无所獲如是罪報當世世无眼若有供養
讚歎之者當於今世得現果報若復見受持
是經者出其過惡若實若不實此人現世得
白癩病若輕笑之者當世世牙齒踈缺醜脣平
鼻手脚繚戾眼目角睞身體臭穢惡瘡膿血
水腹短氣諸惡重病是故普賢若見受持是
經典者當起遠迎當如敬佛說是普賢勸發
品時恒河沙等无量无邊菩薩得百千億旋
陀羅尼三千大千世界微塵等諸菩薩具普
賢道佛說是經時普賢諸菩薩舍利弗
等諸聲聞及諸天龍人非人等一切大會皆

大歡喜受持佛語作禮而去

妙法蓮華經卷第七

圖書在版編目（CIP）數據

中國國家圖書館藏敦煌文獻．第五五册 / 中國國家圖書館編．—北京：國家圖書館出版社，2024.12

ISBN 978-7-5013-7977-4

Ⅰ．①中… Ⅱ．①中… Ⅲ．①敦煌學—文獻 Ⅳ．①K870.6

中國國家版本館CIP數據核字（2024）第036582號

書　　名	中國國家圖書館藏敦煌文獻・第五五册
著　　者	中國國家圖書館　編
項目統籌	魏　崇　殷夢霞
責任編輯	苗文葉　潘　竹　程魯潔　黄　鑫
責任校對	王　哲　蔣昕童
出版發行	國家圖書館出版社（北京市西城區文津街7號　100034） （原書目文獻出版社　北京圖書館出版社） 010-66114536　63802249　nlcpress@nlc.cn（郵購）
網　　址	http://www.nlcpress.com
排版印裝	天津裕同印刷有限公司
版次印次	2024年12月第1版　2024年12月第1次印刷
開　　本	787×1092　1/8
印　　張	38
書　　號	ISBN 978-7-5013-7977-4
定　　價	2800.00圓